図書館員選書・5

逐次刊行物

光斎重治・中嶋正夫原編

改訂第2版

光斎重治　編著

日本図書館協会

Serials

逐次刊行物 ／ 光斎重治・中嶋正夫原編. － 改訂第2版 ／ 光斎重治編著. － 東京 : 日本図書館協会, 2000.8. － 12,290p ; 19cm. － (図書館員選書 ; 5). － ISBN4-8204-0018-5

t1. チクジ カンコウブツ a1. コウサイ, シゲハル a2. ナカジマ, マサオ s1. 逐次刊行物 ①014.75

はしがき

　「逐次刊行物」はスペシフィック（specific）でホットな情報源であり，「雑誌」という語にみられるように，「雑多な記事，時事的な記事」が掲載されている。そのゆえに，収集，保存，利用体制が適切でないと，その利用価値が激減する。

　本書では各館種の読者を想定して，
1. 知識として，逐次刊行物を知りたい人
2. これから逐次刊行物担当者になる人
3. 現在，逐次刊行物担当者で，特定事項について再確認をしたい人

などに役立つように編集，執筆をし，図版を多くしたり，引用文献もできるだけ国内入手可能なものに限った。

　しかし，現実に「逐刊」が主要情報源を占めるのは，理工系大学図書館や専門図書館なので，ある程度その方面の方々のため詳細にした部分もあるのは，実用書としての役割も考えたからである。

　なお，本書の各章分担者は，
石井敬三（大阪府立中之島図書館）　5.3，5.4，5.5
岩本　博（大阪国際大学図書館）　3.2，3.3，5.1，7章
光斎重治（中部大学附属三浦記念図書館）　2.2，3.1，4章
中嶋正夫（大谷女子大学）　1章，2.1，5.2

吉田暁史（帝塚山学院大学） 2.3, 6章
である。

光斎重治
中嶋正夫

改訂第2版の序

　旧版は類書の少なさもあり，また大学の司書課程で教科書・参考書として取り上げて下さる先生もあって，幸いにも5刷を重ねることができた。

　しかし，初刷以来15年近くを経過し，電子ジャーナルの出現や，雑誌をめぐる公共図書館の取り組みの充実など，逐次刊行物を取り巻く環境がかなり変化してきた。また，旧版が採用しているデータや図表なども古くなって，現実にそぐわなくなった。

　そこで，この際版を改めることにし，内容をかなり書き替えた。部分的には旧版をそのまま用いたところもあるが，電子ジャーナルや公共図書館での扱い等については，新たに若い気鋭の執筆者を得て，充実したものになったと思っている。

　本書の執筆者とその担当範囲は次のとおりである。

岩本　博（大阪国際女子大学・短期大学図書館）　2.3, 5.2

光斎重治（愛知大学）　2.2, 3.1, 4.

中嶋正夫（元大谷女子大学）　1, 2.1

西林正人（堺市立中央図書館）　5.3, 5.4, 5.5, 5.7, 7.

吉田暁史（帝塚山学院大学）　6.

渡辺隆弘（神戸大学附属図書館）　2.4, 3.2, 3.3, 3.4, 5.1

　なお，編集は旧版の共編者である中嶋からの全面委任により，光斎が担当した。

改訂に際し，武庫川女子大学図書館，大阪市立大学学術情報総合センター医学部分館などで取材の協力を得た。また，図書館関係の各業者からもカタログの提供などの協力があった。記して感謝の意を表する。

　2000年8月

光 斎 重 治

目　　次

はしがき　*iii*
改訂第2版の序　*v*

1. 逐次刊行物とは … *1*

1.1 逐次刊行物の定義 … *1*
1.1.1 「逐次である」ことの意味　*1*
1.1.2 「終刊を予定しない」ことの意味　*2*
1.1.3 「一定のインタバル」の意味　*2*

1.2 逐次刊行物の種類 … *3*

1.3 図書館資料としての逐次刊行物 … *5*
1.3.1 その着眼点　*5*
1.3.2 図書館としての区分　*5*
1.3.3 留意事項　*7*

1.4 電子出版と雑誌発行の変化 … *9*
1.4.1 雑誌のCD-ROM化　*9*
1.4.2 冊子式雑誌の電子（オンライン・ジャーナル）化　*9*
1.4.3 電子出版への移行　*9*

2. 雑誌の特徴と種類 … *11*

2.1 雑誌情報の特徴 … *11*
2.1.1 雑誌情報の役割　*11*

2.1.2　雑誌情報の増大　*12*
　2.1.3　雑誌情報と研究効率　*14*
2.2　雑誌の区分 …………………………………………………*16*
　2.2.1　区分の方法　*16*
　2.2.2　情報伝達の役割による区分　*21*
2.3　雑誌の歴史 …………………………………………………*23*
　2.3.1　最初の雑誌　*23*
　2.3.2　日本の雑誌　*25*
2.4　電子ジャーナル ……………………………………………*32*
　2.4.1　電子ジャーナルの諸形態　*33*
　2.4.2　電子ジャーナルの特長と問題点　*39*
　2.4.3　電子ジャーナルの契約と利用　*44*

3.　雑誌の収集と受入 …………………………………………*49*

3.1　雑誌の選択と収集 …………………………………………*49*
　3.1.1　雑誌の評価・選択　*49*
3.2　雑誌収集の実際 ……………………………………………*60*
　3.2.1　国内雑誌の購入　*61*
　3.2.2　外国雑誌購入の基本事項　*62*
　3.2.3　外国雑誌の配送方法　*64*
　3.2.4　外国雑誌の契約手続き　*65*
　3.2.5　外国雑誌購入にかかわる最近の諸問題　*69*
　3.2.6　寄贈・交換雑誌の収集　*72*
　3.2.7　保存上のプライオリティー　*73*
3.3　雑誌の受入業務 ……………………………………………*74*
　3.3.1　会計上の取扱い　*74*

3.3.2　日常の受入処理　*75*
　　3.3.3　外国雑誌の欠号・未着処理　*81*
3.4　雑誌管理システム …………………………………………………*83*
　　3.4.1　雑誌管理システムの特色　*84*
　　3.4.2　雑誌管理システムで扱われる情報　*85*
　　3.4.3　各サブシステムの設計　*88*

4. 雑誌の利用と保存 …………………………………………………*93*

4.1　新着雑誌の利用 ……………………………………………………*93*
　　4.1.1　展示と回覧　*93*
　　4.1.2　コンテンツ・シート・サービス　*96*
　　4.1.3　SDIサービス　*97*
　　4.1.4　閲覧と貸出し　*98*
　　4.1.5　新着雑誌の保管　*99*
4.2　雑誌の保存 ………………………………………………………*100*
　　4.2.1　雑誌合本の意義　*101*
　　4.2.2　図書館製本の特性　*102*
　　4.2.3　合本受入　*109*
　　4.2.4　排架と書架　*110*
　　4.2.5　その他の逐次刊行物の製本・保存　*112*

5. 雑誌以外の逐次刊行物 ……………………………………………*113*

5.1　会議資料 …………………………………………………………*113*
　　5.1.1　会議資料の特徴　*113*
　　5.1.2　会議資料の種類　*115*
　　5.1.3　会議資料の二次情報　*121*

5.1.4 会議資料の入手方法 *123*

5.2 紀要 ……………………………………………………………*125*
5.2.1 紀要の定義 *125*
5.2.2 紀要の輪郭 *125*
5.2.3 図書館における紀要の取扱い *129*
5.2.4 紀要の二次資料 *132*
5.2.5 紀要の電子化 *134*

5.3 年鑑・白書 ……………………………………………………*137*
5.3.1 年鑑・白書の定義 *138*
5.3.2 年鑑の種類 *139*
5.3.3 図書館での取扱い *144*

5.4 新聞 ……………………………………………………………*148*
5.4.1 新聞の定義と種類 *148*
5.4.2 新聞の収集 *152*
5.4.3 提供 *155*
5.4.4 保存 *157*

5.5 官庁刊行物 ……………………………………………………*177*
5.5.1 官庁刊行物とは *177*
5.5.2 官庁刊行物の類型 *178*
5.5.3 主な官庁刊行物 *179*
5.5.4 収集における注意点 *191*
5.5.5 外国の官庁刊行物 *195*
5.5.6 官庁刊行物の電子化 *197*

5.6 シリアル・パンフレット ……………………………………*204*
5.6.1 シリアル・パンフレットとは *204*
5.6.2 シリアル・パンフレットの具体例 *205*

5.6.3 収集　*207*
5.6.4 排架　*211*
5.6.5 保存／廃棄　*215*

6. 逐次刊行物の目録 …………………………………………*217*

6.1 目録規則からみた逐次刊行物 …………………………………*218*
6.2 日本目録規則第Ⅰ部「記述」における逐次刊行物規則の位置づけ …………………………………………………………*219*
6.3 逐次刊行物の書誌的特性 …………………………………………*220*
6.4 記述 ………………………………………………………………*221*
6.4.1 通則　*221*
6.4.2 タイトルと責任表示に関する事項　*228*
6.4.3 版に関する事項　*231*
6.4.4 巻次,年月次に関する事項　*231*
6.4.5 出版・頒布等に関する事項　*232*
6.4.6 形態に関する事項　*233*
6.4.7 シリーズに関する事項　*233*
6.4.8 注記に関する事項　*234*
6.4.9 ISSN,入手条件に関する事項　*238*
6.4.10 所蔵事項　*239*
6.4.11 記述実例　*240*
6.5 標目 ………………………………………………………………*241*
6.6 逐次刊行物目録を作成する上でのさまざまな問題 …………*242*
6.6.1 逐次刊行物だけの目録か,資料全体を一括して検索できる目録か　*242*

6.6.2　保存する逐次刊行物と保存しない逐次刊行物の問題　*243*

　6.6.3　目録の形態　*244*

　6.6.4　逐次刊行物の受入形態，目録形態，排架形態　*247*

6.7　逐次刊行物目録の将来 ……………………………………………*249*

7.　公共図書館と逐次刊行物 …………………………………*253*

7.1　逐次刊行物収集の必要性…………………………………………*253*

　7.1.1　雑誌収集の必要性　*253*

　7.1.2　新聞収集の必要性　*255*

7.2　収集 ……………………………………………………………………*259*

7.3　提供 ……………………………………………………………………*272*

　7.3.1　貸出しか館内閲覧か　*272*

　7.3.2　PR の必要性　*274*

　7.3.3　図書館の自由と雑誌　*276*

7.4　保存 ……………………………………………………………………*277*

　7.4.1　雑誌の保存　*277*

　7.4.2　新聞の保存　*279*

索引　*283*

1. 逐次刊行物とは

1.1 逐次刊行物の定義

逐次刊行物（略称：逐刊。Serials, Serial publication）は通常「同一名称」で「号を逐って」刊行され，「終刊を予定しない」点で図書（Book）と異なっている。

また，「日本目録規則」の「用語定義・解説」では「無期限に継続する意図の下に，原則として一定の間をおいて順次出版されるもの（65年版）」，「終期を予定せずに定期または不定期に継続出版され，同一の名称をかかげ，表示する巻号，年月次の順に刊行されるもの（新版予備版）」，「一つのタイトルのもとに，終期を予定せず，巻次・年月次を追って継続刊行される出版物で，その媒体は問わない（1987年版）」と解説されている〔6.1参照〕[1]。

1.1.1 「逐次である」ことの意味

「誌名」などの「同一名称」をもって発行されるものが逐次刊行物であるが，これと類似のもので「図書」とみなすものに「全集」「叢書（Series）」など「包括的な書名」をもって発行されるものがある。それらとの差異をあげると，

①逐次刊行物は第1巻の次は第2巻，第1号の次は第2号，1983

年版の次は1984年版……のように逐次（数字の昇順）に発行される。AACR(Anglo-American Cataloging Rules)では"A publication issued in successive parts bearing numerical or chronological designations"がこのことを示している[2]。

②全集，叢書は例えば「日本文学全集（仮称）」などは第1回配本が「15：芥川龍之介」であったり，第35回配本が「1：泉鏡花」であったり確定しない。

1.1.2 「終刊を予定しない」ことの意味

終刊を予定しない，すなわち"Endless"である点は，

①逐次刊行物は出版者（Publisher）が出版企画を中止（廃刊）しなければ，半永久的に出版する意図をもって継続発行される。図書館では単行本と異なって，一度購読（Subscription：継続して購入）と決めたら半永久的に収集保存をすることが通常である。この点をAACRでは"……intended to be continued indefinitely."と示している。

②全集，叢書は発行企画時に少なくとも「全○○巻」と予定されて発行される。「各巻が一度に，または間隔をおいて出版され，かつ，一般にその数が前もって確定している非定期刊行物」（ユネスコの勧告，1964)[3]である。

1.1.3 「一定のインタバル」の意味

定期，または不定期に……の意味は，

逐次刊行物-(イ)定期刊行物（Periodicals）

―㈹非定期刊行物

(Non-Periodicals または Irregular)

と区分することに起因している。

この場合,

Periodicals are publications issued at intervals not necessarily, but generally, regular, ...[4]

にみられるように特に意図して区別することはないが, 通常, 「年に1回以上定期的に (AACR 1 : intervals, generally more frequently than annually)」というものから,「年4回位(米国第二種郵便物認可：at stated intervals, as frequently as four times a year)」, また「毎月1回以上, 号を追って定期的に (郵便法23条：第3種郵便物)」とあると, 私立大学図書館協会東地区部会『逐次刊行物分科会報告』に報ぜられている[5]。

1.2 逐次刊行物の種類

具体的な出版物として逐次刊行物にはどのようなものがあるか。

(1)「日本目録規則 1965年版」の用語解説では, 次のようになっている。

雑誌, 新聞, 年報, 年鑑類, 学会等の紀要・議事録・会報など, また, 学会等が一定の主題に関する図書を逐次出版する叢書および出版社による販売のための叢書も含まれる。

(2)「AACR 1」では, 次のように述べている。

"Serials include......"(訳語は『図書館ハンドブック』第4版)[6]

Periodical (定期刊行物)

Newspapers（新聞）

Annuals (reports, yearbooks, etc.)（年刊出版物：年報, 年鑑等）

The journals, memoirs, proceedings, transactions, etc., of societies（団体の紀要, 研究報告, 議事録, 会報）

Numbered monographic series（番号づけのあるモノグラフ・シリーズ）

(3) A. D. Osborn はその名著『Serial Publications』に, 次のように書いている。

Serial will comfortably embody everything, including monograph series issued in numbered volumes, directories, annuals and year books, which the term periodical certainly does not.[7]

このように「定期刊行物（Periodicals）」は逐次刊行物のすべてに関して「発行頻度」という観点では共通するので, これを逐次刊行物の区分概念として採用するのは難しい。

(4) 日本の各図書館では, その取扱い上の差異をも加味して, 形態的に区分するところが多い。

例 1. 雑誌（Magazine, Journal）

  2. 紀要（Bulletin）

  3. 新聞（Newspapers）, 官報類（Gazette）

  4. 年鑑類（Annuals）

  5. 会議録（学会論文集, Proceedings）

  6. シリアル・パンフレット（またはシリアル・モノグラフ）

なお、「○○調査報告」「○○レポート」と異なって、「出版社シリーズ（Publisher's series）」と呼んでいるもの（例えば「岩波文庫」）のように番号をつけ発行されるものは「出版形態」としては逐次刊行物であるが、通例、図書館では逐次刊行物からはずしている。

1.3 図書館資料としての逐次刊行物

逐次刊行物の定義と、実際の図書館での雑誌としての取扱いには差異がある。

1.3.1 その着眼点

取扱いを区別する上での着眼点を整理すると次のようになる。
① 内容の速報性：雑誌は新しい研究成果やニュースを速報する
② 内容の部分性：図書は総合的体系的であるのに対して、雑誌はそれぞれの記事が specific なテーマを論じている
③ 形態の一様性：雑誌は同じ標題で刊行され、ほぼ判型も一定である
④ 刊行の継続性：原則として一定の間隔をおいて継続刊行される
⑤ 執筆者の集合性：雑誌は多数の執筆者による記事の集合体である

1.3.2 図書館としての区分

このように考えると、『逐次刊行物』（今まど子編）が言及しているように[8]、次のように取り扱うことが妥当であろう。

① 収集上

すべて「逐次刊行物」として収集し、「逐刊記録（Serial record)」(または「仮受入カード」) で完全性をチェックできるようにする。

② 保管

利用の点も考慮に入れて,

イ) 合冊製本 (合本) して保管・利用すべき, 本来の逐次刊行物 (雑誌など)

図表1.1 図書扱いした例

巻	号	発行年月日	受入年月日	金 額	備 考	取 扱 い
60	年版	60 5 1	60 5 12	4 500		図書・パンフレット
						排架位置
						ラベル 059.1 A
						購入先
A		朝日年鑑				

図表1.2 まとめて記載した例

No.	誌 名 な ど	取 扱 い
A 1	朝日選書	ⓘ図書・パンフレット
A 2	ALA Directory	ⓘ図書・パンフレット
		図書・パンフレット
		図書・パンフレット
		図書・パンフレット
		図書・パンフレット
		図書・パンフレット
A		図書・パンフレット

ロ) 年鑑類のようにそのまま「図書」として取り扱う方が, 保管・利用にもよいもの

とに区分した取り扱いをする。

③ **特別対策**

イ) 図書扱いしたもの：「逐刊記録」にその旨（例えば「請求記号」）を記入しておく（例：図表1.1）

ロ) 図書の目録カードに「雑誌扱」であることを「参照カード」で入れておく

ハ) 出版社シリーズや学会論文集（プロシーディングス）など, 収集担当者も当然図書と考えるようなものは,「逐刊記録（逐刊名順排列）」を一誌一葉とせず, まとめて記載する（例：図表1.2）

1.3.3 留意事項

「雑誌総合目録」をつくる際, 各館からの報告が「逐刊」全体に及ぶもの,「雑誌」に限定したものなどまちまちで, 編集者を泣かせるのはこのような「定義上の違い」より, 図書館での「取扱いの違い」に起因する。それは次のような事由による。

(1) **「年鑑類」**

イ) 年刊であり, 装丁は完全に「図書」である

ロ) 『朝日年鑑』『日本統計年鑑』の他に「経済白書」などと称するものも含む

ハ) 改訂版的なもの：『職員録』『全国大学職員録』のようなものも含む

(2) 「会議録（プロシーディングス）」

　学会，協会の年次研究発表論文集にあたるものを示すが，「図書」「雑誌の特集号」「小冊子」と形態が学会により異なっている。

イ）"AFIPS conference proceedings." New York, American Federation of Information Processing Societies のように単行本形式で出されるもの

ロ）Proceedings of the Society for Underwater Technology のように本来の雑誌・紀要として扱われるもの

(3) シリアル・パンフレット

　学協会や政府刊行物に多く，シリアル・モノグラフ・シリーズとして処理されるが，

イ）図書のように，本格製本をし，販売も一般書店などを通ずるもの

ロ）パンフレット資料として処理されるもの，例えば，「ADレポート」「AECレポート」

ハ）この中間のもの，例えば「NIPDOKシリーズ」（日本ドクメンテーション協会）のように簡易製本し，特殊ルートで入手するもの

などの種類がある。

(4) 新聞か雑誌か区別しにくいもの

イ）新聞を強いて定義すれば，「表紙がなく，目次や索引がなく，綴じてなく，日刊紙－週刊紙（誌ではない）」が多い

ロ）日刊誌（日刊紙でない）ものが出はじめて（例：『日刊アルバイトニュース』），混乱してきた

1.4 電子出版と雑誌発行の変化

コンピュータの発展により、紙を素材とした冊子式雑誌などの逐次刊行物が、かなり電子出版されるようになってきた。冊子式雑誌を収集する図書館も電子図書館へと変貌するきざしを見せはじめている。

1.4.1 雑誌の CD-ROM 化

オリジナルの紙を素材とした雑誌を発行した後に、全文フルテキストを CD-ROM で発行をする方式が手始めに出現した。『Computer Library』誌、『Business Periodicals Ondisc』誌、『British Medical Journal』誌などが CD-ROM 発行された[9]。これらの雑誌のリストは『世界 CD-ROM 総覧』（年刊）に発表されている。

1.4.2 冊子式雑誌の電子（オンライン・ジャーナル）化

学協会や出版社の許諾を得て電子化し、ネットワークを通じて全文フルテキストのデータベースを利用することができる。国立情報学研究所（旧称：学術情報センター）や各国立大学がプロジェクトを実現化しつつある[10),11)]。

1.4.3 電子出版への移行

著者から電子化（フロッピーディスク、電子メール）した原稿をうけとり、自家のデータベースに収録する。従来の紙（冊子式）雑誌が存在せず、CD-ROM も存在しない。

検索画面だけが，公開（インターネットで閲覧・サーチ）される。図書館には「物」としての雑誌がなく，利用者－電子図書館－発行元のデータベース（センター）への仲介をする方式のサービスが出現するだろう。その際，電子図書館の著作権問題の早期解決が望まれる[12]。詳しくは「2.4 電子ジャーナル」を参照されたい。

引用文献

1) 日本図書館協会編『日本目録規則』1965年版，新版予備版および1987年版の「用語解説」
2) 奥泉栄三郎「逐次刊行物文献管理」私立大学図書館協会東地区部会『逐次刊行物分科会報告』 No.35：p.2, 1973
3) 前掲書, p.3
4) Davinson, D. *The Periodicals Collect. Rev. ed.* Andre Deutsch, 1978, p.11
5) *ibid,* p.10, 11
6) 今まど子「逐次刊行物」『図書館ハンドブック』日本図書館協会, 第4版, 1977, p.176-177
7) Osborn, A.D. *Serial Publications. 2nd ed.* ALA, 1973. p.13-19
8) 今まど子編『逐次刊行物』（シリーズ 図書館の仕事 17）日本図書館協会, 1971, p.11-13
9) 木本幸子「全文収録CD-ROMの現状」『情報の科学と技術』 42(6)：p.516-524, 1992
10) 大山敬三ほか「NACSISオンライン・ジャーナル・プロジェクト」『情報の科学と技術』 49(6)：p.295-300, 1999
11) 篠塚冨士男ほか 「国立大学図書館における電子図書館プロジェクト」同上：p.284-289
12) 栗山正光 「電子図書館と著作権処理」『情報の科学と技術』 48(8)：p.435-439, 1998

2. 雑誌の特徴と種類

2.1 雑誌情報の特徴

2.1.1 雑誌情報の役割

　逐次刊行物のうち，5ページで述べたような5つの要素をもつものは，たいてい雑誌として扱われると見てよい。刊行頻度でみると年2回以上刊行されるものが一つの目安となるだろう。しかし，国立国会図書館の『雑誌記事索引』では『西洋古典研究』のように年1回刊のものも採録しているので，各館で判断するときには，索引誌の収録一覧や，総合目録の収録範囲などを参考にする必要がある。

　これらの雑誌を一元的基準で分類することは不可能なほど，実に多様な役割をもったものが流通している。その役割の中で，最も重要な速報性に着目して区分すると，次のようなものがあげられる。

①新しい研究について速報的に紹介するもの：論文速報誌
②研究の完成前に，研究テーマを公表するもの：レター誌
③技術開発や社会のニュースを伝えるもの：ニュース誌
④会議資料の情報を速く伝えるもの：カレンダー
⑤出版物の情報を速報するもの：出版情報誌
⑥雑誌の目次を集めて速報するもの：目次速報誌
⑦データや統計情報を速報するもの：データ誌・統計速報誌

⑧各地の催し物情報を速報するもの：イベントなどの情報誌
⑨マスメディア情報を速報するもの：テレビ情報誌・ビデオ情報誌
⑩求人情報や買物情報を伝えるもの：生活情報誌

特に理工系の学術雑誌の性格を，例えば「レーザー」という新しい分野に関して公表された情報を資料別に見ると，次のようになる（『二次資料の解説』p.64「表3 レーザーに関する情報源の順位表」参照）。

1位 雑誌（313件）
2位 特許公報（151件）
3位 シリアルレポート（71件）
4位 会議録・プロシーディングス（7件）
5位 学位論文（5件）
6位 図書一般（3件）

このような順位になるのは，雑誌がスペシフィック（specific）を提供しているからである。ホットな情報の情報源であることは，ニュース誌，会議，シンポジウムなどのプロシーディングスがその好例である[1]。

つまり，最新の情報の情報源が雑誌であることが，その役割を高めている主なものといえよう。

2.1.2 雑誌情報の増大

(1) 雑誌数の増大

戦前，戦後で雑誌数と雑誌論文数は飛躍的に増大した。これを日本の科学技術雑誌の場合でみると若干古い資料だが図のようになる

図表2.1 雑誌文献の増加量

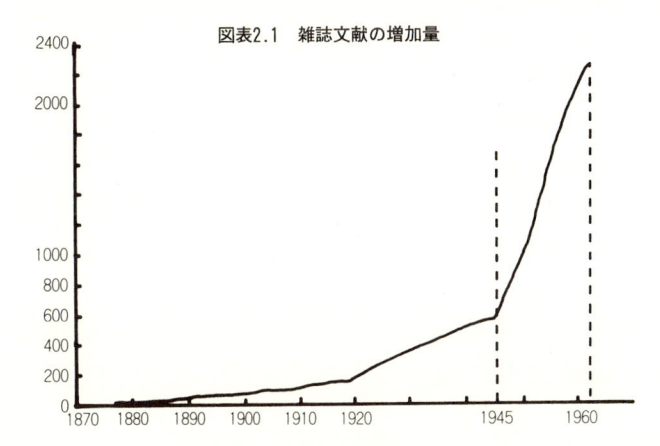

(図表2.1)[2]。(ちなみに国立国会図書館発行の『日本科学技術関係逐次刊行物目録』1984によれば,1984年11月現在所蔵の雑誌タイトル数は,収録誌9,569タイトルのうち5,529タイトルとのことである。)

戦前の研究者ならば,月刊誌として400種(13種/日)に目を通せば科学技術の全情報に接することができた。ところが,戦後は,5,500種(183種/日)に目を通さなければならなくなった。1日8時間とすると,23種/時間で読み続けなければならない。

書店以外を経由して,学協会が発行する雑誌や,企業の雑誌,大学・研究機関の雑誌が増大したことによる[3]。

(2) 二次資料の充実

雑誌文献が増大し,必要な文献を探す道具として索引誌が世に出され,また標題のみでは内容評価が困難なため,短文の内容説明を加えた抄録誌が作られた。

雑誌文献がオリジナルな情報を伝えるのに対して,索引・抄録誌

は文献の有無を確認するのにとどまる。この役割の相違を区別する意味で,前者を一次資料,後者を二次資料と呼んでいる。ちなみに,どのような二次資料が出ているかを探すものを三次資料と呼ぶ。

例:Bibliographic Index, 1937-　H.W. Wilson

二次資料は,文献量の増大と共に発達し,主題の包括範囲の広いもの,限定されたもの,国際的なもの,遡及的なもの,速報的なもの等,多彩を極めている。さらに発行形態も,冊子体のものから,データベース化され,通信メディアによって頒布されるものに変化しつつある。

2.1.3　雑誌情報と研究効率

(1) 研究のための事前調査

研究者は新しい研究に着手する前に,先行技術としてすでにどのようなものが発表済みかを調査する。いわゆる遡及的文献調査(Retrospective search)をするのは,同一の研究をしていたのでは新発見や新発明にならないからである。すなわち研究の新規性(Novelty)を主張するには,内外の情報を調べる必要がある。近代社会になって多大な人類の知見が雑誌を含めた逐次刊行物に報告されるようになった。学会での新しい発見の発表は,プロシーディングス(Conference proceedings)や学会の機関誌で全世界に公報される。研究者としては全世界的な文献調査をせざるを得ない。

(2) 重複研究の防止

基礎研究をする人にとっては学協会誌など,また応用研究(企業の研究者に多い)をする人には特許資料などやシリアル・パンフ

レットなどは新知見，新発明の情報源の典型である。

このような情報利用の中心である雑誌情報などの具体例は別に示した〔2.1.1参照〕が，その文献利用状況の結果は，日本情報処理開発センターの調査によると次のようになる（図表2.2）[4]。

図表2.2 情報の利用目的と資料の種類

(%)

段階＼情報	特許資料	学術研究資料	生産技術資料	規格書
基 礎 研 究	14	32	—	—
開 発 研 究	69	49	62	10
事 業 企 画	28	—	55	10
操 業	6	—	38	18

また，次の表は科学技術庁計画局が行ったもので，約50％の研究者が重複研究をしていることが報じられている（図表2.3）[5]。

図表2.3 重複研究の有無（%）

有無＼機関	大　学	民間企業	国公立研究機関	平　均
あ　る	46%	50%	44%	48%
な　い	55	50	56	52

これは他人の研究成果を知らなかったために，研究の遅延または所期の目的が達せられなかった経験報告であり，文献調査の必要が叫ばれたのもこの実態報告があったからである。

引用文献

1) ドキュメンテーション懇談会『二次資料の解説』(NIPDOK 9) 日本ドクメンテーション協会, 1969, p.64
2) G.M. Conrad 著, 榛葉毅ほか訳「科学定期刊行物の変貌」『情報管理』9(5): p.250-257, 1966
3) 和田弘名ほか『自然科学と技術の書誌解題』(講座新図書館学 11) 教育出版センター, 1977, p.14-16
4) 和田弘名ほか, 前掲書, p.35 または日本化学会『化学情報』有江堂, 1970, p.54
5) 科学技術庁計画局「科学技術研究者等の情報利用の実態に関する基本調査」『情報管理』11(6): p.300-307, 1968

2.2 雑誌の区分

2.2.1 区分の方法

かつて「いま雑誌の時代」[1]といわれ, 現在もあらゆる種類の雑誌が書店の店頭を賑わわせ, その売上げ額も他の書籍の合計額を上回っている[2]。

『出版年鑑』によると, 現在我が国で市販されている (書店の店頭に出るもの以外に会費等による購入も含む) 雑誌が4,446誌発行されており, その内訳は別表のとおりとなっている (図表2.4)。

雑誌の種類は, いろいろな分け方で表わされるが, この表では日本十進分類法(NDC)による主題区分を用い, そのいずれにも属さないと思われるものを, 「女性」「青年」「児童」「学習受験」などと, 対象となる読者の年齢, 性別, 階層などで区分している。

また, この表には刊別内訳として, 発行頻度 (frequency) によ

2. 雑誌の特徴と種類　17

図表2.4　雑誌部門別発行点数

〔注〕1999年3月末現在調査（部門別は N.D.C. 準拠）

部門	点数	月刊	月2	旬刊	週刊	隔刊	季刊	その他	A5	B5	B6	その他
図書・新聞	95	61	1	1	5	3	12	12	45	26	3	21
総合	81	51	2	0	3	9	12	4	35	22	1	23
哲学	31	16	0	0	0	2	4	9	17	4	6	4
宗教	89	61	0	0	0	4	11	13	44	32	6	7
歴史・地理	135	58	1	1	4	8	25	38	39	44	5	47
政治	67	48	2	0	0	2	8	7	32	23	1	11
時局・外事	63	30	2	0	19	2	6	4	14	28	0	21
法律	41	29	4	3	0	0	3	2	11	28	0	2
経済・財政・統計	191	132	6	5	9	9	15	15	14	115	0	62
社会	138	65	9	2	6	12	28	16	29	74	0	35
労働	78	32	11	3	20	0	3	9	6	30	0	42
教育	200	135	1	0	0	15	27	22	79	93	3	25
風俗・習慣	11	2	0	0	0	1	1	7	6	3	0	2
自然科学	51	35	0	0	1	6	7	2	3	32	0	16
医学・衛生・薬学	438	261	4	2	3	48	81	39	12	298	3	125
工学・工業	497	386	16	2	7	33	38	15	18	214	0	265
家事・服飾・美容・料理	159	88	2	0	2	23	25	19	1	21	0	137
農業・畜産・林業・水産業	95	74	0	1	0	7	8	5	10	55	0	30
商業	119	78	9	0	2	16	7	7	3	41	0	75
交通・通信	149	87	3	1	9	12	16	21	9	51	9	80
芸術・美術	110	47	0	0	3	15	32	13	9	34	1	66
音楽・舞踊	122	78	2	0	2	10	11	19	17	31	0	74
演劇・映画	55	28	1	0	1	4	6	15	14	17	0	24
体育・スポーツ	296	191	13	0	10	25	20	37	10	77	3	206
諸芸・娯楽	112	80	5	0	1	13	6	7	13	31	0	68
日本語	10	7	0	0	0	2	0	1	5	4	0	1
英語	14	10	0	0	1	1	1	1	2	6	0	6
その他の諸国語	8	6	0	0	0	0	0	2	7	1	0	0
文学・文芸	122	33	0	0	0	5	38	46	97	13	2	10
詩	23	7	0	0	0	2	10	4	19	1	1	2
短歌	36	28	0	0	0	2	6	0	30	4	2	0
俳句	47	45	0	0	0	0	2	0	41	4	0	2
読物	478	344	28	0	13	72	13	8	99	235	4	140
女性	83	61	8	0	5	3	3	3	7	6	1	69
青年	5	5	0	0	0	0	0	0	2	1	0	2
児童	186	146	8	0	7	17	3	5	18	76	0	92
学習受験	11	10	0	0	0	0	1	0	2	8	0	1
合計	4,446	2,855	138	21	133	385	487	427	819	1,783	51	1,793

（『出版年鑑』1999年版より）

る区分と，判型内訳として，大きさ（JIS 規格）による区分とが内数で示されている。

このように，雑誌の種類は概ね

　a．主題

　b．対象とする読者層

　c．発行頻度

　d．大きさ（判型）

などによって区分することができる。

ここで示された区分によるもののほか，よく使われる種類区分に，学術雑誌，総合雑誌（内容にかかわるもの），紀要，同人雑誌（発行者が限定されるもの）などがある。また特別な例として，逐次的に発行される抄録誌，索引誌などの二次資料を雑誌の仲間に入れることがある。

(1) **主題別**

前掲の表では，主題の分け方に精粗があり，多数の雑誌が発行されている社会科学分野では，ほぼ NDC の綱別となっているが，数の少ない歴史・地理分野では細分されていないなどの不都合があって比較しにくいので，各分野を NDC の類別に合計してみると次のようになる。

```
1位    社会科学    789誌
2位    文　学      706誌
3位    芸　術      695誌
4位    工　学      638誌
5位    自然科学    489誌
```

6位	産　　業	363誌
7位	総　　記	176誌
8位	歴史・地理	135誌
9位	哲　　学	120誌
10位	言　　語	32誌

この順位は，単行本の出版数の順位とほぼ一致しており，6位以下に若干の違いが見られる程度である。歴史・地理や哲学など情報の伝達が雑誌によってなされることが比較的少なく，もっぱら単行本による分野との差がこのあたりに表われているように思われる。自然科学分野の雑誌数が思ったより少ないが，この分野は外国雑誌に頼ることが多いことの表われであろうか。

　近年，公共図書館における成人男子，ビジネスマンに対するサービスが話題になり，いろいろな対応が試みられているが[3]，図書館資料の中における雑誌の扱い，特にこの数字に示される社会科学分野の雑誌に着目する必要があるように思われる。

(2) **刊行頻度**（発行頻度ともいう）

① **雑誌扱い**　「1.3　図書館資料としての逐次刊行物」のところでも述べているように，図書館における「雑誌扱い」と実際の「雑誌」との間には若干の差異がある。そしてそれが最も端的に表われるのは，刊行頻度に関する扱いにおいてである。

　一般に雑誌は，同一誌名をもって，逐次に，終刊の予定がなく刊行されるものとされているが，今一つの要素に適当な間隔で刊行されるという特徴がある〔1.1参照〕。それが1週間であれば週刊であり，3カ月であれば季刊とされ，1年以上間隔のあいているものは

通常,雑誌とされない。

ところが,大学または学術研究団体などの発行する学術刊行物,いわゆる「紀要」と呼ばれる種類のものに,年1回以下の発行,あるいは不定期の発行ではあるが,巻・号をもち,雑誌の体裁をもったものが多くみられる〔5.2参照〕。

図書館では整理の都合上,これらのものも「雑誌扱い」とし,図書とは異なった保管・運用を行っている場合が多い。

これらは本来論文集として扱われるべきものかもしれないが,同一の誌(書)名と体裁で,逐次,終刊の予定なく刊行されるということで,また,大体において1冊のページ数はそう多くなく,単行の論文集とするには取り扱いにくいところから,雑誌の仲間に入れているものである。

② **刊行頻度の種類** こういった特別の場合を除き,一般に雑誌の発行頻度は,週刊(weekly),旬刊(3 times a month),半月刊(semimonthly),月刊(monthly),隔月刊(bi-monthly),季刊(quarterly)となっている。

前掲の表によれば,一番多いのが月刊で2,855誌,次いで季刊の487誌,第3位がその他(不定期等)の427誌となっており,週刊誌が133誌と旬刊の21誌に次いで最後から2番目となっていて,点数の上では思ったより少ないという感じを与えている。

(3) **判型**

かつて雑誌の判型はB5判が主流で,全発行誌数の半分をこの型が占めていた。現在は,週刊誌と横組みの自然科学・技術関係の学術雑誌がB5判,月刊の総合雑誌や人文・社会科学系の学術雑誌が

Ａ５判と，ほぼ大きさが決まってはいるが，最近は雑誌の判型が大型化する傾向にあり，女性雑誌をはじめとして，Ａ４判やその他大型の雑誌が多くなってきている。

これは，写真やイラストを多く取り入れ，読ませるより，見せる要素の強くなった，雑誌ジャーナリズムの流れを表わしているものと思われる。したがって，文字のみの印刷となりがちなＢ６判以下の大きさのものは，特定のジャンルのものを除いては，あまり見られなくなってきた。

これらの判型の変化は，後で述べる雑誌展示棚の大きさや，書架の収容量など，雑誌の展示，保管や利用に微妙に影響を及ぼしてくるので，その対応が重要となってくる。

2.2.2 情報伝達の役割による区分

雑誌の利用上からの区分については，雑誌の内容・性質，発行頻度，判型など，今まで述べてきたことすべてにかかわることなので，あえて区分する必要はないかもしれないが，大学図書館，専門図書館など，いわゆる学術雑誌を中心とた，調査・研究図書館においては，雑誌のような発行形態をもった抄録誌（『医学中央雑誌』等）や索引誌（『経済学文献季報』等）など，いわゆる二次資料を多数受け入れることになるが，これらは原著論文を主とした一次資料とは利用形態がはっきり異なるので，雑誌形態における一次資料・二次資料を，情報伝達の役割による区分としてとらえることができる。

抄録・索引などの二次資料は，ここで改めて説明するまでもなく，ページあたりの対個人的情報量は少なく，反対に多数の利用者がア

プローチするものなので，貸出利用には不適であり，常に一定箇所に備えつけて検索に備えておかなければならず，せいぜいが複写利用のために，備付場所から離れる程度のものである。

これに対し，一次資料はオリジナルの情報であって，利用者の最終目的となるものである。雑誌には通常複数の論文・記事が収載されており，一つの論文を読むためにそれが帯出された場合，他の論文が一定期間利用不能となり，他の利用者のアプローチを不可能にすることになる。特に合冊製本された雑誌の場合は，多数の論文・記事が合冊されているので，この危険度は高く，雑誌の利用については，できれば複写利用に限ることが望ましい。しかし，利用度の落ちたバックナンバーなどは複写費用の点もあり，貸出しの可否は費用効果分析の上にたった判断で，各図書館が決めなければならない問題である。

いずれにしても，一次資料は帯出利用されることを予想しており，一次資料と二次資料は利用上の区分としてもとらえることができる。

このほか，調査・研究図書館では，主に洋雑誌ではあるが，速報誌，レター誌と呼ばれる雑誌，すなわち，研究が完成してから投稿されたものを査読し，印刷・発行といった通常の刊行形態をとっていたのでは，情報の伝達が遅くなるというので，研究内容を速報・レターの形で投稿し，体裁も投稿者のタイプ原稿をそのまま印刷して発行するといった雑誌が増えてきている。このようなものも利用形態（例えばコンテンツ・シート・サービス，SDI等）を十分考慮する必要があり，これらの雑誌も，利用上から区分することができる。

引用文献

1） 『朝日新聞』大阪版，1983年7月3日，p.20
2） 『出版年鑑』1999年版，出版ニュース社，1999
3） 伊藤昭治ほか「日本の公共図書館でビジネス・ライブラリーは成り立つか－ビジネスマンの読書調査」『図書館界』33(3)：p.146-155，1981

2.3 雑誌の歴史

2.3.1 最初の雑誌

世界で最初に刊行された雑誌は，1665年，フランスの法律家ドニ・ド・サロの創刊した『ジュルナール・デ・サヴァン』(Jovrnal des Sçavans) である。この雑誌はヨーロッパで出版されている新刊書の要約と抜き書きを収めたもので，今日でいう書評雑誌の最初のものである。

　　Jovrnal des Sçavans （1665年～1938年）
　　　創刊号は国内未所蔵。
　　　10（1683）-26（1699）のみ九州大に所蔵。

同じ1665年には，イギリスから最初の学術雑誌も創刊された。『Philosophical Transactions』である。この雑誌は1645年頃からロンドンで開催されていた自然哲学と人間科学に興味をもつ知識人の会合が発展して組織された，英国で最も古い学会 Royal Society of London for Improving Natural Knowledge を母体に，1662年に時の英国国王チャールズ2世から認可された英国王立協会（The Royal Society）の機関誌で，刊行は今日に続いている。正式の雑誌名は『Philosophical Transactions of the Royal Society of

London』である。

よくいわれることであるが、この雑誌は『Jovrnal des Sçavans』を模倣したもので、内容は英語で書かれた最初の速報雑誌（Letter journal）であり、抄録雑誌（Abstract journal）でもあった。創刊号は16ページ仕立て、図表（2葉）入りで、1665年3月6日月曜日に刊行された。

Philosophical Transactions of the Royal Society of London. 1665年～現在
　Series A : Mathematical and Physical Sciences（1887年～）
　Series B : Biological Sciences（1887年～）

図表2.5　Jovrnal des Sçavans の創刊号

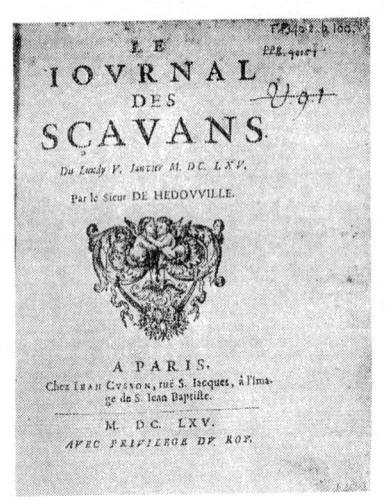

図表2.6　Philosophical Transactions の創刊号

創刊号は京大ほか全国数か所の大学図書館に所蔵がある。

1736年には，雑誌を意味する英語としてよく知られるマガジンを最初に名乗った『ジェントルマンズ・マガジン』がイギリスで創刊された。元々，マガジンという言葉はオランダ語から来ているようだが，語源は倉庫とか宝庫を意味している。

 Gentleman's Magazine. 1（1736）-77（1807）　甲南女大のみ所蔵。

なお，雑誌を意味する英語として次のものがよく使われる。

 Magazine（マガジン：一般名称としての「雑誌」の意味）
 Journal（ジャーナル：学術雑誌によく用いられる）
 Bulletin（ブレティン：大学紀要や機関誌によく用いられる）
 Periodical（ペリオディカル：広く定期刊行物の意味）

2.3.2　日本の雑誌

我が国における最初の雑誌は『西洋雑誌』といわれている。同誌は江戸時代の慶応3（1867）年10月に幕末維新期の洋学者として知られる柳河春三（やながわ・しゅんさん）により開物社から創刊された。内容は西洋の発明や歴史・文化を紹介したもので，蘭学者の手で翻訳された。表紙を見ると，毎月刊行となっていて興味深い。明治2（1869）年まで6冊が出た。

巻末の編集後記には創刊の趣旨が，「広く天下の奇説を集めて耳目を新にせんがため為れば，諸科学は勿論百の技芸に至るまで，……」と記されている。

 西洋雑誌　慶応3年10月創刊。創刊号は京大文学部ほか全国6か所に所蔵。

ついで，明治7（1874）年2月には慶應義塾の創始者である福沢諭吉が慶應義塾出版社から『民間雑誌』を出版した。さらに，同年3月には後に外務大臣となった森有礼ほか10人ほどの学者により結成された学術団体の明六社から『明六雑誌』が創刊された。本誌は我が国最初の啓蒙的評論雑誌である。

  民間雑誌 明治7年2月創刊。12号（明治8年6月）まで刊行。同志社大学と立命館大学に所蔵。
  明六雑誌 明治7年3月創刊。43号（明治8年11月）まで刊行。京大文学部，同志社大に所蔵。

明治10年1月には『花月新誌』が，3月には我が国最初の娯楽・風刺雑誌といわれる『団々（まるまる）珍聞』等が次々と創刊され，以後，我が国の雑誌文化は隆盛の一途をたどる。

  花月新誌 明治10年1月創刊。花月社（東京）から刊行。
      155号（明治17年10月）まで続く。
      東大，明大等で所蔵。
  団々珍聞 明治10年3月創刊。団団社（後に珍聞社）から刊行。
      1654号（明治40年7月）まで続く。
      東女大，中央大等で所蔵。

なお，明治時代初期に刊行された新聞・雑誌は明治元年4月に発布された「太政官布告」や明治4年7月に発布された「新聞紙條例」により，すべて政府による検閲の対象とされた。政府や外国，天皇を批判したもの，治安を妨害し，風俗を乱すものや猥褻なものは一切出版が許可されなかった。明治20年12月には検閲制度が廃止され，届出制となったが，言論に対する取締はかえって強化されるようになっていった。

2. 雑誌の特徴と種類　27

(1) 総合雑誌

　時代の大きな転換期には知識人たちが，混迷する一般社会や大衆に対して啓蒙を行うため，この種の雑誌が多く生まれる。総合雑誌の特徴は，特定の主題に偏らず経済・社会・文芸・評論や随筆等を幅広く扱っている。

　先に紹介した『民間雑誌』や『明六雑誌』も広くいえば総合雑誌であるが，一般大衆を対象とした本格的な総合雑誌としては，博文館が明治28（1895）年1月に創刊した『THE SUN 太陽』があげられる。四六倍判，本文204ページ，英文12ページの堂々たる内容は近代の総合雑誌のひな形となり，後に創刊される『中央公論』や『文藝春秋』などに大きな影響を与えた。

　現代に続く長寿雑誌である『中央公論』は明治32年1月に創刊された。前身は京都の西本願寺の学生による禁酒啓蒙雑誌の『反省会雑誌』である。大正デモクラシーに象徴されるリベラリズムをバックボーンに時代の波に乗り，論壇の精神的支柱となった。その後，大正8年には『改造』が創刊された。また，大正12年には左派系総合雑誌に傾いていた『中央公論』に対抗して，「過激でなく，反動的でなく，清新な自由主義」を掲げて，文壇の巨匠，菊池寛によって『文藝春秋』が創刊され，戦前の時代思想を形成した。

　　THE SUN 太陽　明治28年1月創刊。38巻2号（昭和3年2月）に
　　　　　廃刊。博文館は明治20年創立。
　　中央公論　明治32年1月創刊。昭和19年7月，軍部の圧力で休刊。戦
　　　　　後，昭和21年1月復刊，現在に至る。
　　改造　　　大正8年4月創刊。36巻2号（昭和30年2月）まで続く。
　　文藝春秋　大正12年1月創刊。戦中も刊行を続けるが，終戦直前の昭

和20年3月に休刊。終戦直後の同年11月に復刊し,現在に至る。

(2) 学術雑誌

明治維新後,諸外国から急速に我が国に入ってくる産業や工業化の影響から多くの学術・専門雑誌が生まれた。

明治6年3月,『文部省雑誌』が創刊されたのを皮切りに,明治6年11月には医学の専門雑誌『医事雑誌』が,明治7年7月には『法理雑誌』,明治8年には『医学雑誌』,明治9年には『農業雑誌』,明治10年11月には『東京数学会社雑誌』と学会・協会関係の雑誌の創刊が相次ぎ,明治12年1月には我が国最初の経済雑誌として知られている『東京經濟雑誌』が政治ジャーナリストの田口卯吉により創刊された。また,明治13年8月には後に首相となった犬養毅が保護貿易主義を掲げて,『東海経済新報』を創刊したが,2年足らずで廃刊となった。明治28年には『中央公論』に続く長寿雑誌第2位である『週刊東洋経済』の前身雑誌である『東洋經濟新報』も創刊されている。

> 文部省雑誌　明治6年3月創刊。創刊号〜5号までは国内に所蔵がない。
>
> 医事雑誌　明治6年11月創刊。43号(明治8年12月)まで続く。創刊号は東京大学綜合図書館に所蔵中。
>
> 東京經濟雑誌　明治12年1月創刊。創立者の田口卯吉は明治新政府の官吏からジャーナリストに転身し,産業に対する政府の保護主義を徹底的に攻撃したことで知られる。同誌は大正12年の関東大震災を機に,通巻2138号で廃刊する。

(3) 女性（婦人）雑誌

　明治時代という封建的な男尊女卑社会にありながら，女性（婦人）雑誌は早くから誕生している。鹿鳴館（明治16年11月）が開館した半年後の明治17（1884）年6月に，近藤賢三らにより『女学新誌』が修正社から創刊された。

　同誌は保守的な良妻賢母主義を掲げたが，反発したグループにより，明治18年7月にはキリスト教精神に基づいた女性の社会的向上を目指した『女学雑誌』（にょがくざっし）が万春堂から出た。その後，いくつかの実用家庭向きの女性（婦人）雑誌が創刊され，育児，料理，健康，編物，社交などを柱とする女性（婦人）雑誌に特有な5つの性格が確立した。

　明治20年9月には家庭雑誌として，『貴女之友』が創刊されたほか，明治25年9月には作家の徳富蘇峰が主筆となった『家庭雑誌』も生まれた。

　一方，明治23年1月には，女学校生徒（少女）を対象とした雑誌として『つぼ美』や『女学生』（同年5月）が創刊された。

　明治32年2月，「高等女学校令」が発布され，女子の高等教育が本格化した頃には『女学雑誌』の読者層は急速に拡大し，年間14万部を超える発行部数となり，新聞をしのぐ大マスメディアとなった。

　女性（婦人）雑誌の特徴として，長寿があげられる。明治・大正時代に創刊された雑誌で今日に続く長寿雑誌は12誌あるが，そのうち4誌が女性（婦人）雑誌である。明治38年7月創刊の『婦人画報』，同41年1月創刊の『婦人之友』，大正5年1月創刊の『婦人公論』と同6年3月創刊の『主婦の友』がそれである。

女学雑誌　明治18年7月創刊。319号から339号まで甲・乙編に分かれ、340号から再び合体し、526号（明治37年2月）まで続く。
　　　　　創刊号は東大，桜美林大及び日大で所蔵。
婦人画報　明治38年7月創刊。
婦人之友　明治41年1月創刊。
婦人公論　大正5年1月創刊。
主婦の友　大正6年3月創刊。

(4) 少年雑誌

　明治維新の富国強兵の名のもと，男子中心の教育体制を確立するため，明治5年8月に「学制」が発布され，小学校が各地に設置された。この結果，国語や算数などが義務教育化され，それに伴って教科書以外の読み物や遊びへの関心が広がった。

　少年雑誌の源は明治8年頃から見られるが，本格的な少年雑誌として，明治15年6月，投稿中心の『小学雑誌』が誕生した。明治21年11月には小中学生対象の知識啓蒙，小説や実用案内を目的とした『少年園』が創刊され，さらに1年後の明治22年7月には小学校低学年を対象とした『小國民』も生まれた。『小國民』は月2回刊行，木版画を取り入れ読みやすく構成された。

　戦前の少年雑誌の中で特筆される雑誌として『少年倶楽部』が挙げられる。同誌は大正3年11月に創刊され，面白い雑誌であることをスローガンに，本文160ページ，読み物27編で構成し，オフセット印刷を採用し，付録に少年たちが喜ぶような飛行機やお城の模型をつけて売り出したため，爆発的に売れ，昭和11年の新年号では史上最高の75万部を記録した。

小学雑誌　明治15年6月創刊。創刊号は宮城県図書館のみ所蔵。
　　少年園　　明治21年11月3日創刊。13巻156号（明治18年4月）で廃
　　　　　　　刊。
　　　　　　　創刊号は茨城大，鶴見大，聖心女大，天理大で所蔵。
　　少年倶楽部　大正3年11月，大日本雄弁会講談社から創刊。

(5) 週刊誌

　週刊誌は18世紀の後半頃，新聞から分かれ，雑誌メディアの中でトピック性を売り物として生まれてきた。記事内容は時々の政治，経済，社会のニュースや話題，あるいは芸能ネタといったタイムリーなものが中心である。

　我が国最初の週刊誌は明治41年11月22日創刊の『サンデー』である。発刊の辞によると，新聞報道は迅速を競争するあまり，事実を見誤ることもあるため，事実を見極めてから，より深く正確に伝えることを主眼にするとあり，タブロイド判，20ページ前後で1部12銭，タイトル通り，日曜日に刊行された。

　大正6年1月には2つ目の週刊誌として『週』が刊行されたが，今日でいうクオリティー・マガジンであったため，販売部数が伸びず，短命に終わった。

　ついで，今日に続く長寿雑誌の第10位と第11位である2つの週刊誌が大阪の二大新聞社から産声を上げた。大正11年2月創刊の『週刊朝日』と同4月創刊の『サンデー毎日』がそれである。『週刊朝日』は当初『旬刊朝日』として創刊され，『サンデー毎日』が創刊された4月2日に合わせて『週刊朝日』と改名した。

　『週刊朝日』といえば，今日では硬派の週刊誌として知られてい

るが，創刊当初はニュースと学芸・娯楽もの，経済情報を中心にした3部構成のどっちつかずの編集方針が災いし，当時の知識人からは酷評されたという。一方，『サンデー毎日』は評論，健康，スポーツと家族で楽しめるホームマガジンに編集方針を徹し，『週刊朝日』との差別化に心がけた。この結果，戦後，昭和31年2月19日に『週刊新潮』が創刊されるまでの35年間ほどは2大週刊誌時代が続いた。

　　週刊朝日　大正11年2月25日創刊。創刊時は「旬刊朝日」。
　　サンデー毎日　大正11年4月2日創刊。

参考文献

1．『学術雑誌：その管理と利用』日本図書館協会，1976
2．清水英夫『出版学と出版の自由』日本エディタースクール出版部，1995
3．「日本の雑誌」『噂の真相』11月別冊，1990
4．浜崎　廣『雑誌の死に方』出版ニュース社，1998
5．西田長寿『明治時代の新聞と雑誌』至文堂，1961

2.4　電子ジャーナル

1990年代に入って学術情報をはじめとする情報伝達手段の電子化が急速に進み，図書館界でも「電子図書館」への動きが活発になっている。そうした状況の中で，雑誌においても電子媒体で全文情報を提供する「電子ジャーナル」（電子雑誌，オンライン・ジャーナル，E-Journalなどとも呼ばれる）が登場してきた。その出現と発

展は，本書で述べているような情報流通の仕組みを大きく変えていく可能性がある。電子ジャーナルに関しては，現時点でなお流動的な部分も多くあるが，以下に基本的な概略を紹介することとする。

2.4.1 電子ジャーナルの諸形態

(1) 電子ジャーナルの登場と発展

雑誌論文の「全文データベース」提供はそれほど新しいことではなく，1980年代にはいくつかのオンライン情報検索システムでサービスされていた。ただし，コマンドベースで利用方法が複雑なほか，テキストのみで図表は提供されないなど制約が多く，冊子版の代替として利用できるものではなかった。

その後，大容量データを収納できて画像なども扱える CD-ROM が普及するようになると，雑誌の CD-ROM 版を作成する出版元が出てきた。さらに，インターネットの急速な発展に伴い，ネットワークを通じて提供される電子ジャーナルが現れ急増してきている。

電子ジャーナルのタイトル数を正確にとらえるのは難しいが，一

図表2.7 電子ジャーナル・タイトル数

	1991	1992	1993	1994	1995	1996	1997
E-Journals	27	36	45	181	306	1,093	2,459
E-Newsletter	83	97	175	262	369	596	955
Peer-Review	7	15	29	73	139	417	1,049

ARL Directory of electronic journals, newsletters and academic discussion lists 7 thed. の収録誌データによる。(URL：http://db.arl.org/foreword.html)
E-Journals は学術雑誌・一般雑誌。E-Newsletter はニュースレター類など。
Peer-Review（査読あり）誌数は内数。

つの目安として図表2.7にアメリカ研究図書館協会（ARL）発行の電子ジャーナル Directory 掲載誌数をあげた。特に1995年以降の急激な伸びが目につくが，これには大手出版社が自社の発行誌について競って電子版をサービスしはじめたことが大きく影響している（図表2.7）。

(2) 電子ジャーナルの出版形態

出版形態から見ると，電子ジャーナルは，対応する冊子版をもつものと，電子版のみで出版されるものとに分けられる。

現在，多くの出版元はこれまで通りの冊子版を維持しながら，電子版の刊行を進めている。「紙なし図書館」が喧伝された時期もあったが，後述するさまざまな問題点もあり，そう簡単に冊子版がなくなったりはしない情勢である。

電子版のみで発行される雑誌も，存在している。商業ベースにのった学術雑誌としては，1992年に OCLC (Online Computer Library Center) が提供をはじめた『The Online Journal of Current Clinical Trials』という臨床医学誌が草分けとされている。電子版のみでの発行は，掲載論文集めの面でも販売の面でも苦戦を強いられているともいわれ，それほど数は増えていない。

また，もともと無料や実費程度で頒布されていたような機関誌・ニュースレター類は，インターネットを使った電子的公開・配布を行えば印刷・製本・発送にかかっていたコストがほとんどゼロになるので，多くのものが電子版に移行している。同様に，個人や小グループによる情報発信もきわめて容易になり，そうした草の根から発行される「オンライン・マガジン」も急増している。

(3) 媒体とサービス方法

サービス方法の点から見ると，何らかの媒体に固定されたデータが提供されて利用者が手元でその媒体を操作する場合（パッケージ型）と，インターネットを通じて提供されて利用者がその都度オンライン・アクセスしてデータを取得する場合（リモート・アクセス型）に大別できる。

当初はパッケージ型が主流で，CD-ROM（初期にはフロッピーディスクなども）による配布が一般的であった。多くはCD-ROMに閲覧・検索用ソフトを内蔵しており，それを使って利用する。基本的には媒体をセットした端末1台においての利用となる（「スタンドアロン」という）。パッケージ型では冊子版の購入と同様，図書館で媒体（データ）が管理されることになる。

インターネットの普及とともに，リモート・アクセス型のサービスが急速に増えてきた。利用者側に特定の閲覧ソフトを必要とする場合もあるが，最近はWWWベースで提供されて標準的なWWWブラウザさえあれば利用できるものが多い（図表2.8）。商業ベースにのった電子ジャーナルでは契約利用者を識別する必要があり，パスワード入力やIPアドレスによる利用者管理が行われる。また，契約により次のような点が規定される。

・利用できる端末が固定されるか，機関内の端末ならどこでも可能か
・利用資格があれば，自宅や出張先からも使えるか
・複数端末から同時にアクセスできるか（あるいは何台まで許されるか）

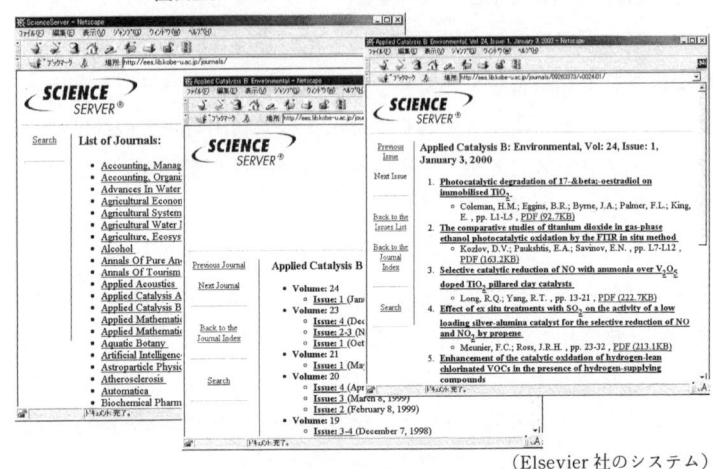

図表2.8 WWWベースの電子ジャーナルアクセス

(Elsevier社のシステム)

最近は「サイトライセンス」契約によって，一定金額を支払えば当該機関内からは自由に使える場合が一般的であり，これなら機関内の利用者は研究室の机上などからいつでもアクセスできて利便性が大きい。

リモート・アクセス型では，図書館はデータそのものを管理することはない。従来からあったオンライン情報検索と同じ形になるわけだが，雑誌を含む図書館資料については，これまでの受入・所蔵という概念を大きく変えるサービス形態といえる。

CD-ROM等で図書館に配布されたデータをCD-ROMサーバやサーバのハードディスクに格納し，機関内LANを通じて研究室などからのアクセスを可能にするサービス形態もよくとられている（相応のライセンス契約が必要である）。こうなると媒体配布はパッ

ケージ型でも，利用者からみればリモート・アクセス型とほとんど変わりない。各方式にはそれぞれ得失があるので，同じタイトルに複数のサービス形態が用意されている場合も多く，パッケージ型の電子ジャーナルとリモート・アクセス型のそれとにはっきりと二分されるわけではない。

(4) **データ形式の諸形態**

コンピュータファイルはその形式に対応したソフトウェアがないと読み取ることができない。電子ジャーナルはさまざまなデータ形式（フォーマット）で提供されているが，各形式の特徴を理解することが必要である。

① **ページイメージ画像**　1ページ分を1枚の画像ファイルとして提供される。画像といってもそのファイル形式はさまざま（何らかの圧縮処理を施している場合が多い）であるが，文字が鮮明に表示・印刷できる品質だとファイルサイズが大きくなりがちである。印刷ページからの電子化コストが安価なこと，図表・特殊文字やレイアウトも含めて冊子版と同内容のものができること，といった理由から，対応する冊子版がある場合，特に古い号を遡及的に電子化する場合などにはよく使われている。

② **プレーンテキスト**　単純なテキストファイルである。文字をコード情報として扱うテキストデータには，ファイルサイズが小さいこと，全文検索が可能なこと，引用等における再利用操作（コピー・ペースト等）が容易なこと，といった利点が数多くある。しかし，単純なプレーンテキストでは，数式・図表・外字といった問題への対処が全くできない。学術論文誌に使われることは少ないが，

ニュースレターなどではテキストだけでも十分なのでしばしば用いられる。

③ HTML (HyperText Markup Language) WWW上のハイパーテキスト文書形式である。WWWホームページという情報伝達方式と閲覧用ブラウザが一般に広く浸透していること，マルチメディアへの親和性が高く図表の提供が容易であること，文字部分はテキストデータなので②の利点をあわせもつこと，といった利点がある。ただし，数式等の表現能力不足（画像での表現となる）や画像（図表）部分の拡大・縮小表示が難しいといった問題がある。また，対応する冊子版とのレイアウト面での対応はとれない（そもそもページ行数や一行文字数の概念がない）。

④ PDF (Portable Document Format) 米国のAdobe System社が開発した電子文書配布用フォーマットである。専用の閲覧ソフトウェア（Acrobat Reader）を必要とするが，ネットワーク上で無償配布されている。印刷したページのレイアウトをほぼ忠実に再現できること，比較的高品質の印刷出力ができること，文字部分をテキストデータとして扱えること，拡大・縮小表示が簡単にできること，といった利点があり，冊子版と並行出版される電子ジャーナルではこのフォーマットをとるものが多い（図表2.9）。

⑤ その他のフォーマット 独自のフォーマットと専用ソフトウェアでより高い操作性をめざすものもある。ただ，優れた面があっても，雑誌によって異なった操作を覚えるのは利用者にとって負担であるし，出版元も開発やユーザ・サポートの費用が無視できない。HTMLやPDFといった標準的なフォーマットをとるものが増え

2. 雑誌の特徴と種類　39

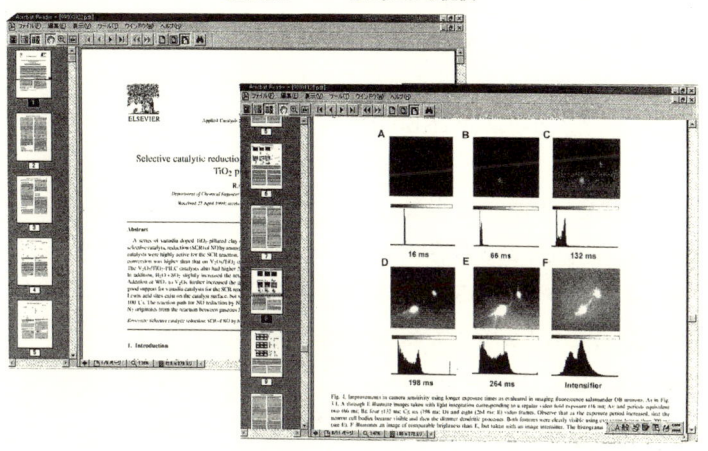

図表2.9　PDF形式による提供

(Elsevier社のシステム)

てきている情勢である。

　各フォーマットにはそれぞれ得失があるので，複数フォーマットによるデータ提供を行っている電子ジャーナルも多く存在する。

2.4.2　電子ジャーナルの特長と問題点

(1) 電子ジャーナルの特長

　従来の冊子体ジャーナルと比較すると，電子ジャーナルはさまざまな特長をもっている。

　① **速報性**　出版元サーバにおけるリモート・アクセスでは配送に要する時間がなくなる。また，作成時間も印刷・製本よりは短縮できるので，速報性が高まる。初期には冊子版をもとに電子版を作成する工程のため速報性が発揮されないものもあったが，編集工程

の見直しでそのような状態は解消されてきている。

② **アクセス可能性** 研究室等からのリモート・アクセスができれば，図書館に出向かなくとも利用できるし，開館時間も気にしなくてよい。また，他の人が貸出・閲覧中で利用できないということもない。

③ **検索性** 標題や著者などからはもちろん，全文がテキストデータなら全文検索も可能になる。

④ **マルチメディア対応** 冊子版では制約のあった大きな図表や写真を付すこともできる。また，動画なども添付でき，新たな形態の情報伝達が可能である（図表2.10）。

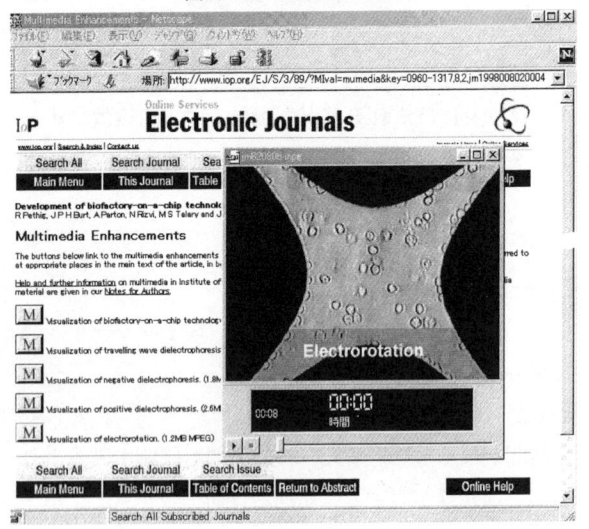

図表2.10 動画情報の提供

（IOP社の電子ジャーナル Journal of Micromechanics and Microengineering）

図表2.11 参照文献から当該文献全文へのハイパーリンク

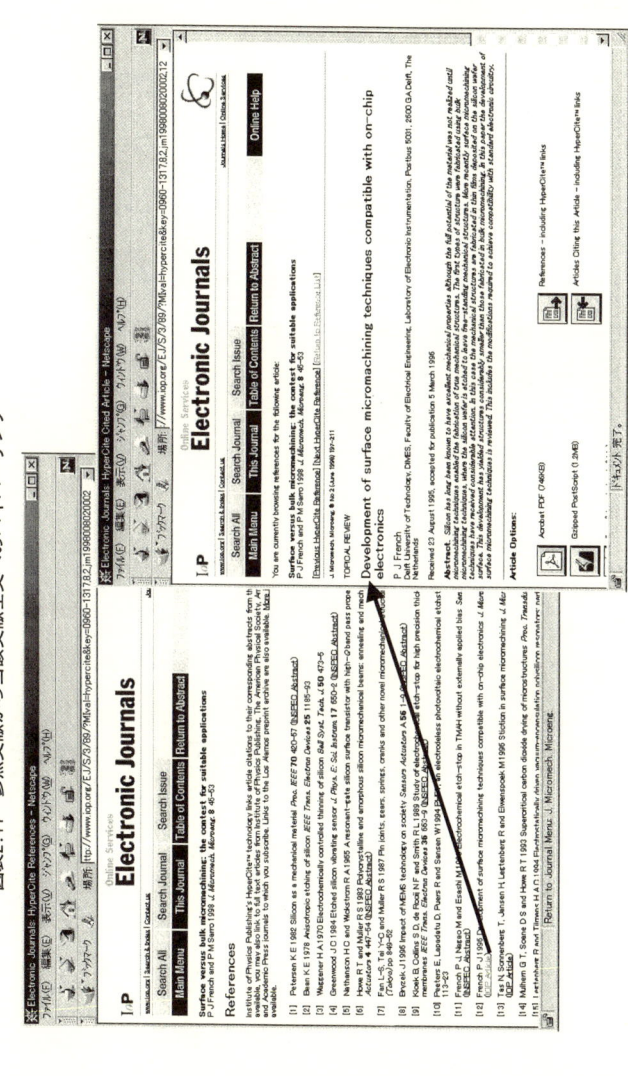

(IOP社の電子ジャーナル Journal of Micromechanics and Microengineering)

2. 雑誌の特徴と種類　41

⑤ **情報間のリンク** 引用文献，参照文献の記述をクリックすると，関連する二次情報データベースにリンクして抄録が読めたり，時には当該文献の全文ともリンクされるというようなシステムがすでに運用されている（図表2.11）。

⑥ **作成コストの低下** 印刷・製本・配送にかかわるコストダウンが図れるといわれる。ただし，商業出版社の雑誌では，冊子版も維持する場合が多く，またシステム開発維持費用も発生するので，現時点ではそれほどのメリットはない。商業ベースにのらないニュースレター類などでは，メリットは大変大きい。

⑦ **保存コストの低下** 図書館にとっては，長年頭を悩ませている書庫スペース問題への解決になる。ただし現時点では，冊子版をやめて電子版に完全にきりかえる動きはあまりない。

(2) **電子ジャーナルの問題点**

多くの利点をもった電子ジャーナルであるが，一方でいくつかの問題点も指摘できる。

① **コンピュータ上の読書環境** 今のところ，まとまった文書を読む場合には，紙へ印刷されたものの方がはるかに読みやすい。また，何らの機器も必要とせずどこでも読めるという点でも，紙媒体に優位性がある。

② **ネットワーク回線** 出版元のサーバにリモート・アクセスする場合，回線混雑などでしばしば非常に時間を要する。科学技術系のジャーナルでは，たとえ文字部分がテキストデータであっても，図表の占める割合が高く，ファイルサイズが大きくなりがちである。解決策として，図書館内のサーバにデータを格納して機関内にサー

ビスしているところも多いが，別にコストを負担しなくてはならない。

③ **バックファイルと資料保存** リモート・アクセス型ではデータはすべて出版元サーバにあるが，仮に購読を中止した場合過去データへのアクセスもできなくなってしまうおそれがあり，問題となっている（出版社側の運用方針によるが，まだ各社対応がまちまちな状態である）。より根本的には，従来の図書館資料と異なって，図書館で資料そのものを受入管理しないので相手先のサーバがなくなるなどすれば何も残らないという，ネットワーク情報資源一般の問題がある。まだ歴史が浅く，また多くの図書館では冊子版も購読し続けているので顕著な問題は発生していないが，図書館の重要な役割の一つである資料保存の観点から大きな問題といえる。

④ **利用制限とILL** 現在ほとんどの図書館では図書館間相互貸借（ILL）なしに十分な利用者サービスは行えなくなっており，電子ジャーナルに対して他館への文献複写サービスができるかどうかは，重要な問題である。現時点では，出版社によっては印刷コピーによるILL対応は認めると明記しているところもあるが，ILLサービス利用を許さないのが一般的である。

⑤ **著者による敬遠** 冊子版を伴わない，電子版のみの学術雑誌がそれほど増えないことについては，著者が電子ジャーナルへの執筆に消極的なことも理由の一つだといわれる。学術論文の著者は，より権威があり，また利用の多い雑誌を選んで投稿することになる。新たに登場した電子ジャーナルは，利用度，被引用度，二次情報データベースへの登録といった点についての不安が存在するようで

ある。

2.4.3 電子ジャーナルの契約と利用

電子ジャーナルはまだ生まれたばかりで，現時点では契約等の慣行が十分確立しているとはいえない状態である。

(1) 価格体系

雑誌によって，また出版元によって，価格体系はまちまちである。

① **無料誌** もともと製本・郵送コスト程度の実費で頒布されていたような，団体機関誌や政府刊行物などには，無料の電子ジャーナルが多い。商業ベースの学術雑誌でも無料で電子版を公開することがあるが，これは宣伝・試行の要素が強く，有料サービスに移行していくものが多い。

② **冊子版購読者には無料** 冊子版の購読者，購読機関の構成員には無料で電子版へのアクセスを認めるものも数多くある。

③ **冊子版への付加料金** 冊子版を購読していれば，さらに若干の上乗せで電子版もあわせてサービスするという価格体系の出版社も多い。付加料金の率はさまざまだが，冊子版価格の10%～15%程度が多いようである。

④ **電子ジャーナルのみの購読** 対応する冊子版がなければ当然この形となる。また，冊子版があるものでも，その購読とは関係なく，電子版のみの価格設定がある場合もある。コストの点から冊子版よりも安価に提供されるのではという期待が利用者側にはあるが，出版社側では冊子版購読中止の影響や全文検索等付加機能の提供といった事情も考慮するので，それほど安価な設定にはならない。

⑤ **論文単位の課金**　電子ジャーナルでは，実際にアクセスして読まれた論文単位に課金管理することもでき，採用している出版社もある。国立情報学研究所の「電子図書館サービス」(NACSIS-ELS) では多くの学協会の雑誌を提供しているが，雑誌によって画面出力時または印刷時の課金を行っている。

(2) **サイトライセンス**

図書館としては，せっかく電子ジャーナルを提供するなら，来館せずとも利用者の机上からアクセスできるようにして，サービス向上を図りたい。多くの出版元では，当該機関（サイト）内での利用は自由に認めるというサイトライセンス方式の契約が可能である。サイトライセンスが基本になっていることもあれば，オプションとして別価格体系の場合もある。

(3) **利用者認証**

リモート・アクセス型の電子ジャーナルでは，完全な無料誌は別にして，利用の都度，正規の利用者であることの認証を必要とする。認証には，ユーザ ID やパスワードを入力させる方式と，接続するコンピュータの IP アドレスを登録しておく方式のいずれか（あるいは両方）が用いられる。

図書館でサイトライセンスを取得した場合には，当該機関のネットワーク内の IP アドレスをまとめて登録できれば，利用者は認証処理を意識することなくアクセスすることができる。パスワード方式では，各雑誌（または出版社）ごとに異なるパスワードを管理し，また利用者に周知広報していく作業が図書館の負担となる。

サイトライセンスを取得した上で，配布されたデータを自館の

サーバに格納して，機関内へのサービスを行うこともしばしばあるが，この場合は図書館側に確実な認証処理で不正利用を防止する責任がある。

(4) アグリゲーション・サービス

電子ジャーナルが増加するにつれて，契約方式や利用方法が出版元によってまちまちなことが問題になってきた。利用者は雑誌の出版元によって異なった接続先を選び，それぞれの認証処理や検索方式に従って操作する必要があり，負担が大きい。

このような問題への対処として，出版元の異なる多くの電子ジャーナルに対して一元的なインターフェースでの統合アクセスを提供するサービスが登場してきている。アグリゲーション（Aggregation）・サービスもしくはワンストップ（One stop）・サービスと呼ばれるものである。これには利用者への直接的便宜はもちろん，契約の一括化という図書館事務上の利点もある。また，学協会や中小出版元にとっては，電子化作業やサービス提供のシステム開発・維持が負担であり，電子版をアグリゲーション・サービスに代行させるメリットは大きい。

アグリゲーション・サービスには現在，雑誌取次店やデータベース・プロバイダ，あるいは大学出版局によるものなど，さまざまな業態が見られる。大手出版社自身が他社の電子ジャーナルをも取り込んで統合的サービスをめざす動きもある。

我が国では国立情報学研究所の行っている「電子図書館サービス」（NACSIS-ELS）がこれに近い。NACSIS-ELSでは国内学協会の雑誌を対象とし，国立情報学研究所で冊子版からの電子化，

サービス提供，課金代行を行っている（対象は個人利用者である）。

(5) コンソーシアム

　複数の図書館がコンソーシアム（consortium）を結成して，共同で電子的情報資源の購入・利用契約を出版元やデータベース・ベンダー等と結んで運用していく方式は，欧米ではすでに一般的なものになっている。電子ジャーナルについても，コンソーシアム単位でサイトライセンスを取得すれば，スケールメリットによる購買力の上昇が期待でき，参加している各機関ではより多くのタイトルを利用できるといわれている。また，電子ジャーナルはILL対応が制限されがちであるが，少なくともコンソーシアム内ではそのような問題が回避できるというメリットもある。出版元にとっても，まとまった契約が得られるという魅力があり，コンソーシアム契約を原則としているものもある。

　我が国ではさまざまな理由から，これまでコンソーシアムによる共同契約はあまり根づいていないが，財源確保が困難な中で電子ジャーナルを含む電子的情報資源の提供を行っていくためには不可欠との認識が強まっている。

参考文献
1. 小山内正明「電子ジャーナルと学術出版の未来」『情報の科学と技術』46(7)：p. 390-396, 1996
2. 尾城孝一, 細川真紀「大学図書館における電子ジャーナルの利用と問題点」『医学図書館』45(2)：p. 201-210, 1998
3. 時実像一「学術系電子雑誌の現状」『情報管理』41(5)：p. 343-354, 1998

4．佐藤義則「大学環境における電子ジャーナルの利用：学術雑誌の危機とオンライン・ジャーナルの役割」『医学図書館』45(4)：p. 426-433, 1998

3. 雑誌の収集と受入

3.1 雑誌の選択と収集

3.1.1 雑誌の評価・選択

(1) 選択基準

前章においても述べたとおり,「いま,雑誌の時代」といわれ,その売上高も一般書籍の合計額を5千億円も上回っている状態の中で,雑誌が図書館資料の中に占める比重も年々大きくなっていくものと思われる(図表3.1)。

雑誌といえば,かつてはほとんどが調査・研究を主とする専門図書館の資料とされ,大学図書館においてすら,専門図書館的性格をもつ部局図書室を除いては,そのリビングタイトルはきわめてわずかであった[1]。

ところが,情報化時代といわれる現在,あらゆる活字情報がちまたにあふれ,情報の爆発,あるいは情報の洪水といわれる状態を呈しているが,その一翼を雑誌ジャーナリズムが担っていることは確実であり,図書館も資料構成の中で,その勢いを無視できなくなってきているのは,当然の流れといわなければならない。

研究の完成から論文の作成・発表,他の研究者への伝達という情報の流通が,主に雑誌論文という形でなされることが多い科学の分

図表3.1　20年間の書籍・雑誌発行推移

(『出版年鑑』1999年版より)

	新刊点数	書籍総発行部数 万冊	書籍実売総金額 万円	雑誌総発行部数 万冊 月刊誌	雑誌総発行部数 万冊 週刊誌	雑誌実売総金額 万円	書籍+雑誌実売総金額 万円	書籍・雑誌実売総金額 前年度比%
1979	27,177	104,802	66,425,603	153,016	126,967	66,543,064	132,968,667	+8.3
1980	27,891	105,850	68,743,224	165,905	135,855	76,672,216	145,415,440	+9.3
1981	29,362	109,025	69,088,358	167,564	135,855	79,052,179	148,140,537	+1.9
1982	30,034	113,386	70,310,658	172,590	138,572	84,137,582	154,548,240	+4.3
1983	31,297	120,189	70,797,330	186,397	144,807	88,855,409	159,652,739	+3.4
1984	32,357	127,400	69,787,172	195,716	154,943	94,074,796	163,861,968	+2.6
1985	31,221	129,948	71,228,397	212,352	168,888	102,951,956	174,180,353	+6.3
1986	37,016	130,467	71,571,586	211,714	173,954	108,295,574	179,867,160	+3.3
1987	37,010	129,815	73,363,674	214,890	175,694	111,699,212	188,062,886	+4.6
1988	38,297	133,969	78,425,179	229,502	179,383	116,609,900	195,053,079	+3.7
1989	39,698	136,648	79,691,149	235,469	194,630	121,761,629	201,452,778	+3.3
1990	40,576	139,381	84,944,611	248,655	200,664	130,217,139	214,761,750	+6.8
1991	42,345	140,078	92,636,388	254,871	209,895	134,886,244	227,522,632	+5.7
1992	45,595	140,358	95,807,248	264,301	211,364	142,659,068	238,466,316	+4.9
1993	48,053	140,498	99,168,237	280,688	213,900	150,061,956	249,230,193	+4.5
1994	53,890	144,853	103,396,071	286,863	211,761	151,581,696	254,977,767	+2.3
1995	58,310	149,778	104,980,900	293,748	217,902	155,521,134	260,502,034	+2.2
1996	60,462	154,421	109,960,105	302,560	218,773	159,840,697	269,800,802	+3.6
1997	62,336	157,354	110,624,583	303,165	219,210	157,255,770	267,880,353	-0.7
1998	63,023	151,532	106,102,638	299,830	217,128	155,620,363	261,723,001	-2.3

(注)『出版年鑑』各年版による。発行点数以外は、それぞれ推定発行部数、推定実売総金額である。

野では，生産される情報の増加とともに，そのメディアである雑誌のタイトルも増加を続け，21世紀初頭には，世界の学術雑誌の数は100万タイトルに達するだろうと予想されている（図表3.2）[2]。

図表3.2 学術雑誌・二次資料・データベースの発生とその数

(De price)

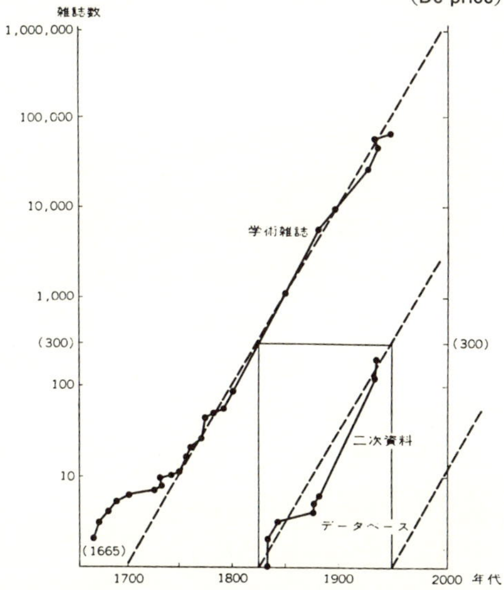

このような雑誌の洪水の中で，何を図書館で受け入れるかを決定することは至難の業である。雑誌も図書館資料である以上，原則的には一般の選択理論の適用が可能であるが，雑誌は単行本と違い，一度受け入れると決めれば，かなり長期にわたって継続して受け入れなければ意味がなく，その量的，経済的負担を十分計算しておかなければならないから，やはり，単行本とはかなり異なった選択基

準を考慮しなければならない。

　一般に雑誌を評価する場合，次の方法がとられている場合が多い。

　① **専門家による推薦**　ある主題について，またある分野に関して何種類かの雑誌が刊行されている場合，そのいずれをとるかを決めるのに，その分野の専門家の意見を聞いて決める方法である。きわめて一般的で，安定度も高いが，専門家といえども人によって考え方に違いがある場合があり，ことに最近のようにその専攻分野が細分化され，ごく限られた範囲の専門家でしかない場合には，意見が偏る危険があり，できれば複数の意見を聞くことが望ましい。

　② **抄録誌・索引誌の採録リスト調査**　せっかく受入を決めた雑誌である以上，その雑誌がよく利用されることが望まれるが，雑誌がよく利用されるかどうかは，その雑誌が利用者の目に直接触れる（展示）ことのほかに，その雑誌の内容が他のメディアに紹介される（抄録・索引）機会があるかないかによっても左右される。したがって他の雑誌の内容を紹介する目的で発行されている抄録誌，索引誌などの二次資料の採録リストに記載されているものであれば，必然的に利用の機会が多くなると考えられる。

　③ **利用調査**　自館の利用調査からは，新しい雑誌を選ぶためのデータは出てこないが，他館の館報なり，図書館関係雑誌等に発表される利用調査の報告は，自館の選択にも非常に参考になるので注意しておく必要がある。また，利用者の要求に自館では応じられなくて，他館との相互協力により提供した雑誌の調査は，その雑誌の潜在的利用を知る上で貴重な資料となるので，確実な記録をとっておくことが望まれる。普通，年間5回以上も他館に協力を依頼しな

ければならない資料は自館で備えるべきであるといわれている。

雑誌の利用調査については，館内閲覧が多いため，館外帯出のような確実な数値がつかみにくく，苦労する場合が多いが，予算的，スペース的必要から受入を打ち切る場合のデータには欠かせないので，何とか工夫して，できるだけ正確な数字が得られるよう努力しなければならない。最近では複写利用されることも多いので，複写申込書にはできるだけ詳しい書誌データを記入するように様式を定め，単にタイトルのみの調査ではなく，巻数や発行年等からのアプローチにも応じられるようにすることが望まれる。

継続して受け入れている雑誌を打ち切ること（購読中止）は残念であり，いつか利用があるのではないかと，つい判断が鈍りがちになる場合が多いが，雑誌にも消長があり，新しい雑誌もどんどん発行されて，利用者のそれらに対する要求も強まってくるので，利用度の低くなったタイトルを持続するのが，予算的にもスペース的にも難しくなってくる。こんなときに打ち切りの決断をするのも一つの選択（Negative な意味の）であり，そのときには自館の利用調査が大変参考になる。

④ **引用頻度調査** ある雑誌が重要であるかどうかは，その雑誌がいかに役立ったか，すなわちその雑誌に掲載された論文・記事が他の研究者にどのくらい引用されているかで判断することができるという考え方がある。

研究者は，自分の研究のいろいろな段階で，先人の研究を渉猟し参考にする（Retrospective search, Current awareness, etc.）。そして，それらの参考になった論文を，研究発表に際して，必要個

所に引用したり参考文献として付記するのが普通である。したがって，よく読まれ，よく引用される（参考文献として掲げられる）論文こそ重要な論文であり，このような論文が多く掲載されている雑誌こそ重要な雑誌であるというわけである。

この調査は，ある学問分野から Key となる雑誌を選び（Source journal），その雑誌に掲載された論文に，引用されたり参考文献として掲げられている論文の雑誌名を調査し，多く引用されている論文を載せている雑誌を，その分野のコア・ジャーナル（Core journal）と考えようとするものである。

この方法は，1927年に初めてこの調査を行った P. L. K. Gross と E. M. Gross[3] の名をとって Gross and Gross 法と呼ばれているが，回数を多く発行する雑誌が有利であるとか，この調査による上位の雑誌が専門家の評価と必ずしも一致しないとか，いろんな批判を受けつつも，今日，なお多くこの手法による調査が実施され，雑誌選択の一つの方法として生き続けている。

⑤ **総合目録や他館所蔵目録の調査** 総合目録（Union catalog）で多くの館が所蔵している雑誌や，個々の館の所蔵目録にほとんど収載されているタイトルは，まずコア・ジャーナルとみてさしつかえない。選択にあたってこのような雑誌を選んでおけば間違いはないが，そのかわり，自館にある雑誌はどの館にもあり，ない雑誌はどこにもないという結果を生じ，館の資料構成を特色のないものにしてしまうとともに，相互協力による共同利用にも支障を来すおそれがある。

かつて文部省では，「学術情報システム」の確立をめざし，その

一環として特定の大学図書館を分野ごとにセンター館に指定して，そこにその分野の学術雑誌を網羅的に収集させ，共同利用しようという政策を実行に移したが，中小の大学図書館等では，いわゆるコア・ジャーナルのみを収集して利用者の大半の要求を満たすとともに，周辺領域や学際領域のものについては，このシステムに頼るということが，現実味を帯びた運営になっている。

公共図書館等においては〔7参照〕，主に収集されている一般雑誌について，文部省の『学術雑誌総合目録』に匹敵するような総合目録は存在せず，わずかに地域的に相互協力のツールとしての目録が散見されるだけで，この面からの選択も大変困難な事情にあり，先に述べた5つの方法についても，雑誌の内容・性格等の違いから，そのまま適用することは難しいと思われる。

したがって現在のところ，利用者の要求，出版事情，世間の評判等一般的な判断によらざるを得ず，司書の専門性の発揮が望まれるところである〔7.2参照〕。

(2) 選択のツール

前節で触れたように，図書館員の専門性が求められる重要な業務の一つに資料の選択があるが，雑誌の選択についても，実物を一つ一つ検討して選択することのほかに，目録（冊子体）によって，どの分野にどのような雑誌が刊行されているのか，価格や入手方法についてもあらかじめ知識を得ておかなければならない。特に雑誌は単行本と違い，今手にとって見ている号のみの検討だけでは不十分であり，創刊から現在に至る歴史や，編集方針・記事内容・対象読者等についても目録から得られる情報が多いので，選択のツールと

しての各種目録は欠かせないものである。

学術雑誌等については，3.1.1(1)②で述べた抄録誌・索引誌の採録リストが単独の目録として発行されていたり，その二次資料の巻頭や巻末に掲載されていたりすることがあるので，それを利用するとよい。

一般的な雑誌の目録としては，次のようなものがある。

a. **雑誌新聞総かたろぐ　1999年版**

　　東京　メディア・リサーチ・センター　23,000円

　1979年に創刊され，以後毎年発行されて，現在は21号にあたる。

　全体をA：雑誌，B：輸入雑誌，C：新聞・通信に分けていて，さらにA：雑誌を，第1編総合，第2編教育・学芸，第3編政治・経済・商業，第4編産業，第5編工業，第6編厚生・医療，に細分している。

　B：輸入雑誌を第7編とし，総合，メンズ・漫画，ティーン・イベント，女性・ファッションなどと，年代や興味の対象で細分している。

　また，C：新聞・通信は全国紙，各地方ローカル紙に分け，証券・投資，旅行・観光などの分類で業界紙なども採録している。

　収録数は雑誌18,273，新聞・通信4,351，計22,624で，年内の創刊，休刊，改題，削除の数をそれぞれ記録していて，巻末にそのリストを付記している。

　内容は誌名，創刊年月，刊行頻度，判型，平均ページ数，定価，発行日と入手方法，発行部数，発行所，読者層や内容の簡

図表3.3 『雑誌新聞総かたろぐ』

```
154
0030
出版・読書・図書館

図書館年報
年刊雑誌 A4判 29頁 ㊠関係先配布／関連
施設配置 （奥付発行日：4月1日 発売発行日：4
月1日） ㊤500 ㊥無
発行＝宇部市立図書館 山口 ☎0836-21-1966
〒755-0033 宇部市琴芝町1-1-33
内容 山口県宇部市立図書館の広報誌。同館の
1年間のさまざまな活動報告を中心に収載。
Code/Media: 340696-0030                 Publ: 137128-

図書館のあらまし
㊠1952.12.1 年刊要覧 A5判 40頁 非売品
㊠関係先配布／内部資料 （発売発行日：6月）
㊤Z45-122-TO#B ㊤400 ㊥無
発行＝東京都議会図書館 東京 ☎03-5320-
7158 〒163-8001 新宿区西新宿2-8-1
読者 東京都議会議員。
内容 東京都議会図書館の規模，設備，蔵書内

／直販 （発売発行日：不定） ㊤Z21
700 ㊥無
発行＝日本図書設計家協会 東京
4925 〒102-0074 千代田区九段南
トルコート麹町1201
読者 会員，賛助会員，客員会員．
その他。
内容 会員であるブックデザイ
題の考察，作品表現の検証，装
版業界情報の提供等を掲載。
Code/Media: 314596-0030

図書の譜 （明治大学図書館紀
㊠1997 年刊雑誌 A5判
＠￥700 ㊠関係先配布／
付発行日：1～3月 発売発
1,000 ㊥無
発行＝明治大学図書館 東
```

単な紹介などを載せている。

　排列は先の各編内をジャンルで細分し，その中をさらに五十音順に並べている。外国語を標題としたものは，その読みの五十音順で日本語による標題と一緒に排列されている。

　細分したジャンルには分野コードが付されており，そのコードの五十音索引があって，そこから個々の雑誌に案内されるようになっている。別に分野ごとの索引，タイトル索引，発行所の索引があり，いろんなアクセスポイントから近づけるようになっている。

　広告と関係があるのか，ところどころ誌名のロゴが，そのまま見出し的に使われているものがあり，具体的な雑誌を想定するのに役立っている（図表3.3）。

b. 雑誌のもくろく　1999年版

取次8社協同作成

取次店が扱う市販の雑誌を中心に3,300誌を収録。排列は誌名の五十音順で，全雑誌を63部門に分類した部門別の誌名索引と内容解説を付けている。また，一部のポピュラーな洋雑誌もリストアップしている。

このほか，雑誌の目録ではないが，雑誌に関する情報が得られるものに『出版年鑑』がある。

c. 出版年鑑　1999年版（全3冊）

東京　出版ニュース社　18,000円

第2巻が図書と雑誌の目録となっていて，雑誌も図書と同様に概ね NDC による分類別排列である。2.2.1で見たように「女性」「青年」「児童」「学習受験」などのジャンルは別に集められている。官公庁誌は発行所（官公庁）別の排列となっている。

内容は，誌名，刊別，判型，定価，発行所，創刊年となっており，そのほかに，休・廃刊誌，改題誌，復刊誌，発行所変更誌なども掲載されていて，雑誌目録や Vital note としても十分通用する。

雑誌目録とは直接関係はないが，この年鑑には「出版図書館関係雑誌記事索引」が付いていて，図書館関係文献の索引誌の役割も果たしており，何かと便利である。

また，次の3点は，出版社・発行所などの団体の便覧であるが，それぞれの団体の刊行物として雑誌名が記載されており，雑誌等の逐次刊行物を別の角度から検索するのに便利である。機関誌はいう

3. 雑誌の収集と受入　59

に及ばず,一般的な雑誌であっても,雑誌はいろんな意味で,発行団体の考えや色合いをその内容に反映するものであるが,そういった観点からの選択にはうってつけであり,雑誌目録にない特色をもっている。

d. **日本新聞雑誌便覧**　平成11年版

　　東京　日本新聞雑誌調査会　8,400円

　　新聞・雑誌関係団体として,日本新聞協会,日本地方新聞協会,日本雑誌協会など,新聞・雑誌発行主体の住所・電話番号・代表者名が記載された名簿である。

　　部門別索引,社名索引,新聞・雑誌名索引がある。

e. **全国学術研究団体総覧**　日本学術会議事務局編　平成8年

　　東京　大蔵省印刷局　8,000円

f. **全国各種団体名鑑**　'99年版（第19版）（別冊共全4冊）

最後に最もよく知られている外国の目録を紹介しておく。

g. Ulrich's International Periodicals Directory : including irregular serials & annuals. 37ed.

　　5 vols. 1999. New Providence, N. J., R. R. Bowker

　　名前の示すとおり国際的な雑誌の目録で,約161,200点（38 ed.電子版による数）を収録している。排列はデューイ十進分類法（DC）による主題順になっており,同一主題内は誌名のABC順で,巻末に全収録誌名のABC順索引がある。

　　内容は,DC分類,国別コードとISSN,誌名と内容言語,創刊年,刊行頻度,価格,編者,出版者名および住所,広告・書評の有無,発行部数,その雑誌を採録している二次資料（索

引・抄録誌），誌名変遷，オンライン利用やCD-ROMの有無等となっている。

　日本の雑誌も学術誌を中心にかなり採録されている。版が変わるたびに，questionaireを発行団体に送り，内容に万全を期しているが，大学の紀要類も編集の事務にあたるところがしっかりしている雑誌は毎回もれなく採録されているようである。

　2000年からインターネット上でもオンライン検索が提供されている。URLは，http://www.bowker.com/urlichs/ である。

　また，同じ出版社から姉妹編として出ていた『Irregular Serials & Annuals』は，27版から上記に吸収された。

引用文献
1 ）今まど子編『逐次刊行物』（シリーズ　図書館の仕事　17）日本図書館協会，1971
2 ）第21回日本医学会総会編『医学文献の探しかた－医学研究者のためのわかりやすいガイド』日本医書出版協会，1983，p. 2（図の原典は，D. J. de Solla Price, *Little Science and Big Science*. Columbia Univ. Press, 1963）
3 ）P.L.K. Gross, E.M. Gross, "College Libraries and Chemical Education", *Science*, 66, p. 385-389, 1927

3.2　雑誌収集の実際

前節のような手法により購入すべきタイトルが決定されたと仮定して，本節から3.4までは，実際の発注・契約・受入業務について

述べる。具体的には，本節で発注・契約業務を，3.3で日々の受入業務を，3.4でコンピュータによる雑誌管理システムを扱う。

雑誌資料の特徴はいうまでもなく「継続して刊行される」ことであるが，そこに起因して契約・受入上も単行書の購入にはない方式や問題点が数多くあり，正確な理解のもとに業務を行う必要がある。

3.2.1 国内雑誌の購入

国内雑誌は，流通の観点からみると「市販雑誌」と「直販雑誌」に大別できる。

　　市販雑誌：出版元→取次→書店→図書館

　　直販雑誌：出版元→図書館

市販雑誌は単行書と同じポピュラーな流通形態であり，図書館からすれば会計的な問題も少ない。一般的に，我が国の市販雑誌は1冊ごとに定価がつけられており，発注・中止も任意の時期に行える。出版物には再販制度があるので，価格競争はほとんど起こらない。書店の選択にあたってはサービス面を重視することになるが，特に重要なのは配達頻度である。雑誌記事は鮮度が重要であり，書店店頭に並んでいるものが何日か遅れでしか書架に出ないということが常態化すると利用者の信頼を失うので，理想的には毎日，少なくとも2日に1回程度の配達頻度はぜひとも確保したい。

直販雑誌は，学協会や業界団体などの雑誌に多く，年間購読制をとるのが一般的である。中には会員にのみ配布の場合もある。各団体と直接契約する煩雑さに加えて，前金払を求められた場合の処理など，担当者を悩ませることが多い。

3.2.2 外国雑誌購入の基本事項

外国雑誌は，前年予約期における Cash with order をはじめとするさまざまな海外の商慣習に従うことが要求され，国内雑誌の購入とは大いに性格を異にする。それらは，図書館の一般的な会計原則，とりわけ国公立機関の会計制度と一致しない部分も多く，各館ではギャップに悩まされながら，資料提供の使命を果たすべく現実的対応を試みてきた歴史がある。

(1) 契約の流れと雑誌の配送

取次店（書店）を通して出版元との契約を行う場合，いうまでもなく契約（支払）は図書館→取次店→出版元と流れるわけであるが，商品である雑誌の物流がその逆ルートを通らないのが，外国雑誌契約の大きな特徴である。一般的には，雑誌は取次店を経由せず，図書館に直送されてくる。この関係を「三角関係」と称することもある（図表3.4）。

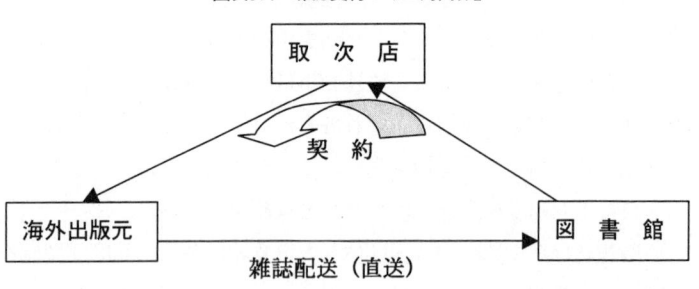

図表3.4 雑誌契約の「三角関係」

```
                  取 次 店
                  ／    ＼
                ／  契約  ＼
              ／            ＼
         海外出版元 ──────→ 図 書 館
                 雑誌配送（直送）
```

ここで「取次店」は Subscription agent の訳であり，「代理店」とも訳される。我が国では主に大手小売書店がその機能を果たして

きたので，現場では単に「書店」と呼ぶことも多いが，本書では「取次店」で統一する。

なお，3.2.5(2)で述べるように伝統的方式とは異なった配送方法が近年普及しつつある。

(2) **予約方法**

外国雑誌における予約とは，単なる約束ではなく，契約と同等の意味をもつ。すなわち，予約時には出版元への送金が義務づけられているのである。これを「Cash with order」と呼ぶ。つまり前金払制であり，1月スタートの雑誌であれば前年11月頃には購読料を支払う必要がある。我が国の国公立機関の場合，外国雑誌については前金払が認められているが，単年度会計原則に従うため当該年度がはじまらないと支払えない。私立大学などでは，前年中に購読料を取次店に支払うのが一般的である。

カレンダーイヤー（JAN-DEC Only）の年間予約制が大半を占め，他に JULY-JUNE Only といったものもある。いずれにせよ，予約期間は決められており，それ以外の予約を受付けないことが多い。

(3) **価格体系**

多くの外国雑誌の価格は出版元の定めた通貨（多くは所在地国の）で表示されており，この「外価」に為替レートをかけて，取次店手数料を加えたものが，図書館の支払うべき「円価」となる。価格は購読条件によって複数設定されているのが普通である。

・購読対象（個人と団体，会員と非会員）
・購読地域

・配送区分（船便か航空便か）

・セット購入

多くの雑誌では，複数利用者による共同利用を考慮して，割高な団体購読価格が設定されており，図書館にも適用される。学協会発行雑誌の中には，メンバー（会員）登録することにより非常に割安な価格で購入できるものがあるが，これは個人購入に限られる。

購読地域では，国内向け・海外向け価格のほか，出版元によっては欧州，北米，アジアなどより細かな地域別の価格設定もある。

セット価格も多くの出版者が採用しており，同一雑誌の各部編や関連雑誌をあわせて購入すると相当の割引となる。

(4) 総代理店

総代理店方式とは，出版元が特定取次店（代理店）に対して，国内での独占販売権を与えるものである。日本総代理店があると，国内での価格設定が円定価になる（「円建て誌」と通称される）ほか，雑誌の配送も総代理店経由となる場合が多い。

総代理店扱い（「Agent もの」とも呼ばれる）の雑誌は1980年代以降に著しく増加している。外価把握が困難なこと，代理店側の経費・リスクが加算されがちなことから，価格が高めになる傾向があるともいわれている。

3.2.3 外国雑誌の配送方法

外国雑誌は配送区分によって価格が異なり，予約時に指定の必要がある。

① **普通郵便（Surface mail）**

船便（Sea mail）であり，配送区分を特に指定しないとこれになるのが通常である。1〜3か月程度を要する。

② **航空便（Air mail）**

航空便を指定すると1週間前後で到着する。新聞や重要な週刊誌などに使われることが多いが，速報性の高いものほど発行頻度も高いのが普通なので，大変割高になる。また，Air mail を扱ってくれない出版社もある。

③ **航空貨物（Air cargo）**

航空貨物は，料金も所要日数も両者の中間に位置する。また，集荷時に点検作業が行われるため，欠号発生率が低いといわれており，多くの出版社・図書館が採用している。

同様のものとして，SAL（Surface Air Lifted），ASP（Accelerated Surface Post，イギリス）というシステムがある。

3.2.4 外国雑誌の契約手続き

外国雑誌は年間の前金払制を原則とするので，一時的に多額の支出を行うことになり，慎重な手続きを必要とする。

(1) **予約手続き**

出版元にもよるが，次年度の予約価格は前年の7〜9月ごろに決まることが多い。図書館では購入誌の見直し作業を早めに行って，10月には取次店に通知しないと，初号未着などのトラブルが起こりがちになる。予約とともに購読料を送金するわけであるが，国公立機関では次年度分の支出が行えないので，この時点では取次店が肩

代わりした格好になっている。

どの図書館でも大半の雑誌は継続的に購入されるので，出版元は手続きの便宜のために Renewal note（継続案内伝票，図表3.5）を8〜11月ころに送ってくる。取次店では別途発注データ管理を行っているのが普通なので，なくても発注できるが，カスタマー・ナンバーや予約価格が明記されているので，控えを保存しておくとよい。

なお，Renewal note に限らず，誌名変更・休廃刊などの各種通知は，雑誌そのものと同じく出版元から直接図書館に送られてくるので，その都度適切な対応をとる必要がある。

図表3.5 Renewal note

Harcourt
Foots Cray High Street
Sidcup Kent DA14 5HP UK
Telephone: +44 (0) 208 308 5700
Fax: +44 (0) 181 309 0807
US Toll Free: 1-877-839-7126
http://www.harcourt-international.com

Academic Press . Baillière Tindall . Churchill Livingstone . W.B. Saunders Company

☐ PLEASE CHARGE MY CREDIT CARD
☐ AMERICAN EXPRESS
☐ PAYMENT ENCLOSED
☐ VISA/MASTERCARD

AMOUNT DUE: £ 182.00 British Pound Sterling
AMOUNT ENCLOSED:

CARD NUMBER
EXP DATE_____ SIGNATURE_____

Ship To: 112026
KOBE UNIVERSITY
ROKKOUDAI-CHO 1-1
SHIZENKEI TOSHO ASA
NADA-KU
KOBE-SHI 657-0013
JAPAN

Bill To: 104970
ASAHIYA SHOTEN LTD
FOREIGN BKS DEPT
17-9 TOYOSAKI 3-CHOME
OSAKA-SHI 531-0072
JAPAN

R

R9C3
709
Research in Veterinary Science   INSVW   INST

RENEWAL

PUB CODE	QTY	DESCRIPTION	PRICE	AMOUNT
709	1	*Research in Veterinary Science* *Volume V68 - V69 (2000)* This is a renewal notice for your subscription to the journal listed above. Please return the top portion of this form with your payment. The first issue of the 2000 volume is scheduled to publish in February.	182.00	182.00

(2) 契約取次店の選定

一般に契約の基本は「競争」による契約先選定であるが，外国雑誌については必ずしも競争契約に付さず，随意契約によることが多かった。雑誌は継続購入が中心で，競争契約による取次店変更が安定的供給の阻害（初号未着や欠号の発生増大）要因となるためであり，新規発注誌などごく限られた部分にだけ競争見積等が行われていた。

しかし，1980年代後半から国立大学では競争原理を導入した契約取次店選定が広く行われるようになり，様相は大きく変わってきている。

(3) 購入価格の決定

競争契約によるかどうかを問わず，図書館は適切な予定価格の算出を行う必要がある。

為替が固定相場であった時代には，取次店（書店）が作成した円建ての店頭販売価格（カタログ・プライス＝CP）に一定の値引き率を乗じる算定方法（CP方式）が一般的であった。

　　店頭販売価格×値引き率＝購入価格

為替相場が変動制となると，より価格形成過程を明確にするため，出版元の定めた外価に通貨ごとの為替換算レートを乗じる方式が普及した。

　　外価×換算レート＝購入価格

この場合の換算レートは，為替レートそのものだけでなく，取次店の必要経費および手数料も加味されたものである。必要経費・手数料にあたる部分を「係数」と呼び，この方式自体も「係数方式」

と称される。

　　外価×基準為替レート×係数＝購入価格

　為替レートは日々変動しているが，基準為替レートには予約手続きの集中する10〜11月中の一定期間の平均レートをとるのが一般的である（本契約が翌年度になる国公立機関でもこの点は変わらない）。

　問題は係数であり，取次店の必要経費や手数料をどう見積もるかは難しいところである。一口に経費・手数料といっても，

・予約業務や欠号処理業務にかかる経費
・出版元への送金手数料
・送金に伴う資金の調達金利（国公立機関の場合は特に大きい）
・取次店利益

などさまざまな要素からなる。これらを一つ一つ吟味しないと適切な係数は算出できない。

　係数にかかわる要素の中には，金利のように対象金額に連動する部分の他に，予約業務経費のように金額よりも購入点数に連動する色彩の強い部分がある。したがって，一律の係数を乗じることとすると，高額雑誌の方が図書館側からみて割高になってしまう傾向がある。このため，高額雑誌と低額雑誌で異なる係数を設定するなどの方式も採用されている。

　なお，総代理店方式をとる雑誌では，円建価格が総代理店によって設定されるので，

　　円建価格×値引き率

というCP方式と同様の価格決定にならざるを得ない（「円建て誌」と通称される）。この円建価格と外価・為替レートとの関係が不明

確であることは，図書館界の批判が強いところである。

(4) 契約の内容

取次店と交わす契約書は将来に問題を残さないよう，会計担当者や取次店とよく話し合っておくことが必要である。

納入場所，納入期限，支払期限，契約日などは通常の物品購入契約と異なるところはないが，外国雑誌では未着・欠号の発生をゼロにすることは不可能なので，その場合の処置を明確にしておく必要がある。一般的には，年度末などのある時点で「精算」を行って，未着分の金額を戻入させる方式がよく採用されている。ただし，新聞や一般週刊誌は別として，学術雑誌はたとえ翌年以降になっても欠号分は補充するのが好ましいので，金銭面の処理でことが済むわけではない。その後の補充に関する事項も取り決めておくことが望ましい。

3.2.5 外国雑誌購入にかかわる最近の諸問題

1980年代後半以降，新たな問題の発生や新規サービスの動きなど，外国雑誌購入事情は激変の時代となっている。以下に，近年のトピックをいくつかあげることとする。なお，電子ジャーナルの出現も大きな変化であるが，これは2.4で取扱うのでここではふれない。

(1) 学術雑誌価格の高騰問題

欧米の大出版社を中心とする学術雑誌価格は，物価上昇をはるかに上回るスピードで高騰を続けている。ある調査（2,000誌）では，1988年から1997年にかけて毎年10％を超える出版元価格（外価）の上昇があり，10年間で2.8倍にもなっているとされ（図表3.6)，世界

図表3.6 外国雑誌の値上り状況

予約年度	誌代外価値上り率	円安率（主要6通貨加重平均）	円ベース値上り率
1988	11.9%	− 8.8%	2.05%
1989	12.0	−11.2	▲ 0.55
1990	10.5	4.3	15.25
1991	11.3	13.3	26.10
1992	10.9	− 8.9	1.03
1993	10.4	− 4.0	5.98
1994	11.2	−16.6	▲ 7.26
1995	10.3	− 6.4	3.24
1996	11.1	− 2.4	8.43
1997	9.5	7.9	18.15
1988 vs 1997	2.816倍	−68.81%	1.938倍

(湊周二「学術雑誌の価格形成」『情報の科学と技術』 47(2) p.60 より)

の学術図書館は大きな打撃を受けている。我が国では，為替レートが1990年代前半まで基本的に円高基調であったため一定程度軽減されてきたが，その後は円高が一段落したことに学術機関全体の財政難が加わって一気に問題が噴出し，多くの機関では相当規模の購入中止を余儀なくされている。

このような高騰の主要因は，論文数の増加による増ページや購読中止の影響などがあるというのが出版元側の主張である。このうち購読中止については，値上げ→中止→販売部数減→値上げという悪循環に陥っている感もある。

購入価格を少しでも下げて中止を回避しようという努力は各機関でなされている（前述した契約への競争原理導入もその一つである）が，出版元価格の上昇が主なので，抜本的な対策は難しい。

⑵ 「チェックイン方式」

　1980年代以降,海外の取次店（外資系取次店）が参入し,国公立機関の会計原則にも順応して,競争原理導入の中で多くの受注を行うようになった。この外資系取次店のシステムの特色の一つに,雑誌を出版元から図書館に直送させるのではなく,いったん集荷基地に集めてから図書館に一括発送する点があった。

　1990年代に入ると,類似サービスを国内の大手取次店も提供するようになり,「チェックイン方式」と通称されている。海外基地に雑誌を集め,チェックイン作業を行った後に各図書館にリストとともに一括発送される。図書館としては郵便仕分作業等の軽減のほか,事前チェックによる欠号・未着発見の迅速化も期待できる。さらに一歩進んで,リストの代わりに電子化された入荷データを受取り,コンピュータによる受入作業を自動化してしまう方式も行われている。これらのサービスコストは係数などの形で購入価格に付加されることになる。

　チェックイン方式は3.2.2⑴で述べた外国雑誌配送の基本を大きく変更するもので,煩雑な受入処理を軽減するメリットは大きい。ただ,3.3で述べるように日常の受入業務は本来さまざまな事象への対応・判断を含んだものなので,入荷データの機械的やりとりですべてが片づくというのはやや安易な考え方であり,綿密な業務分析が必要と思われる。

⑶ **海外出版元との直接取引**

　ここまで取次店を経由した購入契約を前提として述べてきたが,海外の出版元から直接雑誌を購入する方式もいくつかの機関で行わ

れ，取次店手数料分がなくなることから価格面でメリットがあるといわれている。

この場合は図書館自ら海外に送金を実施することになるが，送金手数料や事務処理コストの点からみると，ある程度まとまった額の発注でないと難しい。また，欠号・未着の発生をはじめとするクレーム処理もすべて図書館が行わなくてはならないのも大きな問題である（大手出版社では日本支社が処理してくれる場合もある）。

取次店手数料は外価の10%程度であるから，これを削減しても近年の価格高騰に対抗できるほどの大きなコストダウンは望めない。欠号処理まで含めた事務処理コストを考えれば，直接取引が主流になるとはあまり考えられない。

3.2.6 寄贈・交換雑誌の収集

大学，研究所等で刊行される紀要の大半は，寄贈・交換でしか入手できない〔5.2参照〕。寄贈雑誌の中には発行機関から一方的に送られてくるものがある反面，なかなか寄贈依頼にも応じてくれないものもある。こちらにも発行雑誌のある場合は，交換によると比較的入手しやすくなる。

寄贈雑誌の収集は契約・支払を介さないため，受動的に流れやすいが，寄贈といえども蔵書構成の一部として主体的な姿勢で対処するのが望ましい。自館の利用者に必要なものは寄贈依頼をきちんと出して収集に努め，また一方的に送られてくるものは逆に永久保存・短期保存・不要の判断を適切に行うべきである（自館で不要と判断したものは謝絶の連絡を行う）。

3.2.7 保存上のプライオリティー

どの図書館でも書庫スペースの不足は深刻な問題であり，また図書館間相互協力が一定の成果をあげていることを考えれば，すべての資料を永久保存するのは効率的でない。

購入・寄贈を問わず，受入をはじめた雑誌には，保存上の区分も決定しておくのが望ましい。具体的には，雑誌の内容，主題範囲と価値判断，稀少性等により，「永久保存」「一定年保存」「一年保存」などの判断を行う。判断基準は各図書館の利用者事情等によって異なり一概にはいえない。

なお，個々の雑誌ごとの要素も複雑で，一律に保存上のプライオリティーを定めるのは難しい面があるが，時々の判断がばらばらにならないよう，収集方針とともに何らかの明文化を行っておくことが望まれる〔4.2参照〕。

参考文献

1. 国立大学図書館協議会外国出版物購入価格問題調査研究班『外国出版物の購入価格問題に関する調査研究：報告書』1989
2. 長谷川豊祐「外国雑誌の価格問題－国内代理店新方式の概要とその得失」『図書館雑誌』87(9)：p.669-672, 1993
3. 長谷川豊祐「外国雑誌の価格問題－文献紹介と20年間の動向」『逐次刊行物研究分科会報告』51：p.6-31, 1993
4. 湊周二「学術雑誌の価格形成」『情報の科学と技術』47(2)：p.58-62, 1997
5. 母良田功「外国雑誌高騰と直接購読」『医学図書館』45(4)：p.414-418, 1998
6. 長谷川豊祐「大学図書館の業務改善：雑誌業務再構築に向けて」『医

学図書館』46(2):p.166-172, 1999

3.3 雑誌の受入業務

ここでは、雑誌が図書館に到着してから利用に供するまでに必要な作業について述べる。外から見ると単純作業に思えるが、実際に経験すると煩雑で手間暇のかかる部分を多分に含んだ業務である。なお、3.2.5(2)で述べた「チェックイン方式」の導入は外国雑誌の受入業務を根本的に変化させるものであるが、以下では従来の出版元直送方式に沿って記述する。

3.3.1 会計上の取扱い

利用に供されている図書館資料は、会計上の取扱いからいうと「備品（資産）扱い」と「消耗品扱い」に分かれることになる。備品扱いとすると備品番号をつけて資産としての登録が必要なのが端的な違いであるし、会計上の取扱いに連動して整理や排架にも何らかの異なった処理基準を設けている場合も多い。本来的には、長期の保存を意図するか、短期的に資料価値が失われて廃棄されるか、で両者の区分が行われる。

雑誌は一般的には「消耗品」として運用されている。ただし、短期消耗という消耗品本来の性格は、新聞や一般週刊誌等ではその通りだが、学術雑誌の場合は長期に集積保存されるのが普通であるから必ずしもあてはまらない。それをあえて消耗品として区分しているのは、その形態による。ソフトカバーの小冊子として刊行される

雑誌は，長期保存のためには合冊製本して排架されることになるが，この時点では合冊単位で1備品とみなすのが適当である。製本までの過渡的時期に1冊ごとに備品とすると後で不整合を生じるので，便宜的に消耗品区分しているのである。

したがってモノグラフ・シリーズや特別号などで最初からハードカバーの造本となっているものは，消耗品として扱う必要はない。

3.3.2 日常の受入処理

受入処理担当者は，毎日雑誌が到着するたびに「到着情報を台帳なりコンピュータなりに記録して，現物を排架する」という作業を繰り返す。これだけをとらえれば機械的で単純であるが，実際にはさまざまな付随事象が発生し，適切な判断・対応が求められる仕事である。担当者が機械的作業に流れず十分細かな気配りを行わないと，後でさまざまな問題を引き起こしてしまう，なかなか責任の重大な処理なのである。

(1) 宛先の確認

海外，国内の各出版元から郵送されてくる雑誌は，開封の前に，まず Mailing label 等に記載された宛先が正しく自館あてになっているか確認する。当然ながら他館や他部署あての雑誌が混じっていれば転送する（図表3.7）。

外国雑誌では，アドレス（住所・宛先）がアルファベット表記の分，誤配も多くなる。特に，多くの組織をかかえた機関の場合には，アドレスもいきおい複雑で間違いが起こりやすい。発注時に，配達者が混乱しないようにできるだけ識別しやすいアドレスを記載する

図表3.7 Mailing label

```
IF UNDELIVERED PLEASE RETURN TO:

Elsevier Science Ltd
The Boulevard
Langford Lane
Kidlington
Oxford OX5 1GB, England
Company Reg No. 1982084, England
```

Subscription Number	Order Number	
00062836	OS-KOU036	Number Of Copies
Reference	Rate Expiry Acronym	1
OS-KOU036	MF 043/24 HMT	

| 00210 INT JNL OF HEAT AND MASS TRANSFER | 043/11 | 2000 |

```
LIBRARIAN
KOBE UNIVERSITY
NATURAL SCIENCE LIBRARY
ROKKODAI-CHO, 1-1 NADAKU
KOBE
657 JAPAN
```

ELSEVIER SCIENCE

ことが大切である。アドレスの不備で他から転送されてきたものや，誤配を生みやすそうな表記の Mailing label を見つけた場合は，直ちに取次店に修正を要求すべきであるが，出版元で迅速に対応してくれることはあまり多くない（翌年からになることが多い）。

(2) **包装と汚損**

海外から郵送されてくる雑誌の中には包装が破損して中身も傷ついていたり，船便の場合，潮をかぶって汚損している場合も少なくない。汚損程度が利用・保存上問題であれば，直ちにクレームを出すべきである。

(3) **発注していないタイトル**

開封して取り出した雑誌は当然大部分が継続購入中のものであるが，中には発注した覚えのないものも意外に多く現れ，担当者を悩

ませることになる。

① **誌名変更（タイトルチェンジ）** 購読中の雑誌が誌名変更された場合は、概ね表紙・標題紙や Editorial note などに事情が記載されているので、見逃さず確実に処理する必要がある。外国雑誌は年間前金制をとっているため、契約後や年度途中に誌名変更があった場合は、（精算時などに）書類上の不整合が起きないような処理手順を定めておく必要がある。目録の処理や書架上の案内なども伴うので、なかなか手間のかかる作業となる。

誌名は突然変更される場合もあるが、多くは雑誌の前号や郵送通知・出版案内などで事前に情報が得られるので、日頃から情報獲得に努めることが望まれる。

② **購読誌の付録誌** 購読誌の付録（独自タイトルをもつもの）が、本誌とは別送されてくる場合がある。これまで到着実績のない場合、付録である旨が表紙等に明記されていればすぐわかるが、そうでないと本誌をつきとめるのが厄介である。出版社名などからあたりをつけるが、サンプル誌等との識別は難しい。

なお、継続的に送られてくる付録誌は、なるべく本誌とは別にデータ管理を行った方がよい。本誌に含めて処理していると、直接担当者以外にはわからないし、目録など利用の上でも不便である。

③ **サンプル雑誌** 創刊に伴って、あるいは販売拡張のために PR 用サンプルが送られてくる場合も多い。中には数号（時には1年間）にわたって無料送付されてくることもある。サンプル誌は購入雑誌選定資料としては役立つが、受入処理などは通常不要である（逆に、付録誌など受入すべきものがサンプル扱いされると大変な

ので，数号以上到着するものは疑って調査した方がよい)。

④ **誤配** (1)で述べたように，他館・他部署あてのものは転送の必要がある。

また，郵便上の誤配ではなく，出版元が送付すべき雑誌を間違えて封入していることもまれにある。Mailing label 等の誌名と中身が異なっているときは要注意である。

いずれにせよ封筒や Mailing label があってこそ判断できるので，確実に処理できるまでは封筒等を廃棄しないことが望ましい。

⑤ **寄贈雑誌** 寄贈誌の受入を別システムとしている場合や担当者が異なる場合は，これも疑ってみるべきである。

⑥ **中止雑誌** 購入中止の場合，手続き遅れの場合などを期待してか，一定期間は雑誌を送り続けてくる版元もある。これは当然ながら取次店に返却することになる。

(4) **重複到着**

外国雑誌では，購読部数以上に同じ号が到着してしまうことも，かなりの頻度で出現する。欠号・未着クレームのすれ違いなど理由が容易に推測できる場合もあれば，原因不明のこともある。もちろん重複分は取次店に返却すればよいが，原因不明の場合は返却前に十分調査するのが望ましい。

最初の受入処理に誤りがあって実は重複ではない場合も考えられるので，現物確認は必ず行うべきである。また，印刷ミス等による再送取り替え分の可能性もある（この場合は何らかの断り書きがあるはずである）。誤配の可能性もあるので，他部署への問い合せ等も有効である。

(5) 発行頻度と年間発行冊数

　契約時には（書類上の明記があるかは別にして），年間の発行予定冊数が通知されているのが普通であるが，頻度・冊数は取次店サイドでも完璧な把握はできておらず，受け入れてみれば変更があるという場合も大変多い。最も確実性があるのは雑誌本体に記載されている情報であり，出版元から直送されてくる雑誌の場合は，図書館側で注意を払うのが結局最も効率的である。

　頻度・冊数情報は未着等を推量する材料となるほか，最終的には精算時に完納か否かを判断するために重要な情報である。特に，雑誌が図書館でなく各研究室等に排架されている場合には，受入作業時に確実にチェックしておくのが望ましい。

　なお，当初の予定を越えて増刊（Additional volume）が発行された場合，当初の契約とは別に有料のことがあるので注意が必要である。

(6) 特別号など

　通常の巻号とは別に，特別号・臨時号などが到着する場合がある。ある程度スケジュールに沿って（毎年夏に，など）刊行されるものもあれば，全くイレギュラーのこともある。また，ハードカバーや大判など，通常号とは造本・体裁が異なることもしばしばある。

　中身をみると，モノグラフとしてタイトルをもっていたり，会議録であったりする場合が多い。これを雑誌の一部として排架するか，別途図書扱いした方がよいかは担当者の悩むところである。利用者が通常どのようにアクセスしてくるかによるので，一概にどちらかに決めるよりは，ケースバイケースの判断が望ましいと思われる。

なお，特別号も別途支払を要する場合があるので，注意が必要である。

(7) Index（総索引）や Contents（総目次）など

1年分の Index と Contents は，最終号の末尾に綴り込みになっている場合が最も多いが，別に送られてきたり，次年度の号に挟み込まれてきたりすることも少なくない。これらは合冊製本時に重要な役割を果たすので，それまで別にファイルするか，当該年分の雑誌とともに確実に保管するのが望ましい。

また，時折送られてくるものに，発行済みの雑誌の訂正・差し替えがある。これはエラーの程度によって，正誤表・訂正シール・訂正ページ・特定論文差し替え（別刷）・当該号差し替えなど，さまざまなバリエーションがある。指示に応じて適切な処置を施すが，論文差し替え等は最終的に製本時の処理になる。

その他，受入担当者のもとには，誌名変更・休廃刊の通知や Renewal note から出版広告まで，さまざまな郵便物が錯綜することになる。いちいち目を通すのは大変だが，それも担当者の非常に重要な仕事の一つであり，おろそかにはできない。

(8) **受入記録と装備**

到着した号は，受入記録を確実に行う。記録方式が台帳やカードであれ，コンピュータであれ作業の本質は変わらない。

受入のしるしとして，雑誌に所蔵印・日付印を押印するのが一般的であったが，近年はラベルを用いたり，日付印を省略するなどして省力化を図っているところも多い。

雑誌の貸出・閲覧を図書と同じくコンピュータ処理するためには，

何らかの資料番号を付与してバーコード・ラベル等を貼付する必要がある。また、ブック・ディテクション・システムで不正持ち出しを防止しようとすれば、磁気タトルテープ等の貼付が必要である。

3.3.3 外国雑誌の欠号・未着処理

外国雑誌には欠号・未着の発生がつきものであり、その対応は雑誌担当者の最も重要な仕事の一つである。

(1) **欠号・未着発生の要因**

① **予約手続きの遅れ** Cash with order の原則から、予約手続きの遅れは、初号の到着遅れや途中号からの送本を引き起こすことが多い。

② **取次店もしくは出版元のミス** めったにないが、取次店の送金ミスも皆無ではない。また、出版元での入力ミスも可能性がある。特に、購読部数の増減時などが危険である。

③ **輸送途中の事故** 船便の場合、港で仕分けミスがあるとそれだけで数か月のロスとなる。アドレス表記の不備・読み誤り等による誤配や包装破損による配達不能なども考えられる。

④ **刊行遅延** そもそも雑誌の刊行が遅れて予定通り発行されないことは意外によくある。数年にもわたって遅延したり、突然合併号を何冊も出して帳尻をあわせようとしたり、どうしても追いつけずにある年の契約分が発行なしになったり、といった不規則なものもそれほどまれな存在ではなく、受入担当者を悩ませている。

(2) **欠号・未着の発見**

早期予約やアドレス整備など、未然に防止策がとれるものもある

が，かなりの部分は有効な対策がなく「早期発見，早期クレーム」が決め手となる。そのためには，担当者が日常から雑誌の到着状況を常に把握するよう努める必要がある。直送雑誌の場合，取次店では到着状況が全く把握できず，図書館の担当者にすべてがかかっているのである。

ある号だけが到着しなかった場合は，次号を受け入れた時点で欠号であることは明白となり，クレームを出すことができる。コンピュータで受入処理を行っている場合は，過去のクレーム分もあわせて，現状での欠号発生状態を出力することも容易であろう。

問題はむしろ，ある号を最後に到着が途絶えてしまう未着雑誌である。これは毎日の到着分を処理しているだけでは気がつかないし，コンピュータ処理の場合もデータ抽出が難しい（前回到着日付や発行頻度である程度絞れるが，もともと不規則刊行の雑誌も多いので完全なものは期待できない）。精算などの節目になればいやでもわかるが，それでは遅すぎる。

購読タイトル数の多い図書館では，一つ一つについてすべて担当者が状況を把握していることは難しい。しかし，雑誌によってその刊行特性には違いがあり，非常に規則的に到着するものから，少し途絶えたりまとめて到着したりが常態となっているものまでさまざまである。また，当該機関の利用者にとっての重要性も一様ではない。「欠けては絶対に困るもの」「通常欠けるはずのないもの」は一定数存在するので，少なくともそのような雑誌に生じた欠号・未着は直ちに発見して対応できるような心構えをしておきたい。

⑶　欠号・未着のクレーム

図書館と取次店との契約では特にクレーム期限を定めないことが多いが，出版元ではクレーム受付期間を設定して（90日程度が多い），その間のクレームのみを受付けるとしているのが一般的である。このため，発見次第なるべく早くクレームするのが原則である。

取次店にクレームする場合は，当該号数のほか，前号・次号の到着状況なども伝え，またクレームの記録を残しておくことが望ましい。定期的にコンピュータ処理による欠号・未着リストを渡す場合も多いが，重要でぜひとも早期補充が望まれるものは，別途繰り返し督促して頻繁にチェックした方が良好な結果が得られる。

3.4　雑誌管理システム

本書の初版（1986年）では，雑誌の受入記録について「ビジブ

図表3.8　ビジブル・レコーダー・カード

巻	号	通巻号・月号	受　付　日	価　　格		製　本	備　　　号	刊行頻度　A. S－A. Q. B－M.M. S－M. B－W. W. Irreg. Nos
								ISSN
								発 行 地
								発 行 所
								総 目 次　有　無
								総 索 引　有　無
								購入　寄 贈 交換　管理換
								前 金・後 金
								予算負担
								年間契約金額
								契約巻号
								講 座 名
	誌　名							納入業者

ル・レコーダー・カード」(図表3.8) 方式をあげて説明している。当時は，このような手作業による記入処理が一般に行われていたからである。一方で「今日，雑誌の受入業務に大学図書館の一部では，コンピュータを利用してオンラインで一括処理したり……（中略），様変わりを見せている」とも述べられているように，この時期は図書館各業務の電算化が本格的に進められていこうとする過渡期でもあった。

それから十数年がたち，今日ではほとんどの図書館でコンピュータによる雑誌管理システムが用いられるようになった。そこで本版では，特に節を設けて雑誌管理システムの概要を述べることとする。

3.4.1 雑誌管理システムの特色

ここでいう「雑誌管理システム」とは，コンピュータを用いて，雑誌の発注，支払，受入，製本，目録といった諸業務を統合的に行うシステムを指す。マニュアル処理と比較すると，一つ一つの作業の効率化（定型的計算など）にももちろん大きな利点があるが，この「諸業務を統合的に」ということが最大の特色である。ファイルに蓄積されたデータを自動的に参照または再加工することにより，いくつかの業務で共通して使用される情報をその都度入力し直す必要がなくなり，作業が省力化されるとともに，多元管理から起こるデータ不整合の発生も防止できるのである。

次節で述べるように，図書管理と比較すると，雑誌管理システムでは扱われる情報の単位がさまざまで，また相互の連関性が強く，各業務（サブシステム）間でより密接な情報のやりとりが求められ

3. 雑誌の収集と受入　85

る。図書管理では各業務内での処理がうまく完結していれば運用にそれほど支障はないが，雑誌管理においては業務間の連携の不具合・不整合は致命傷となり，全体を視野に入れた詳細設計が欠かせない。

この他，外国雑誌契約や製本などまとまった量を一気に処理する業務が比較的多いのも雑誌管理システムの特色である。

3.4.2 雑誌管理システムで扱われる情報

図表3.9に雑誌管理システムで扱われる諸情報の相関図を掲げて

図表3.9　雑誌管理システムにおける情報概念図

```
           1. 書誌情報
           （誌名単位）
          タイトル、著者 etc.
         1 /          \ 1
        /              \
       n                n
 2. 受入誌情報    各業務(主に扱う情報)    5. 所蔵情報
 （受入部数単位）  ┌─────────────────┐  （所蔵単位）
 配架場所、保存区分 │契約・受入業務    │  配架場所、所蔵巻号
     etc.        │ 外国雑誌契約・支払(2,3)│     etc.
    1           │ 国内雑誌支払(2,4又は2,3)│    1
    │           │ 日常の受入(4)    │    │
    n           │ 外国雑誌精算(3,4) │    n
 3. 契約情報     │製本業務(4,6)     │  6. 製本情報
 （契約年度単位） │目録業務(1,4,5,6)│  （製本物理単位）
 契約巻号、年間価格、└─────────────────┘    登録番号 etc.
 予定冊数 etc.
    1
     \         n        /
      \       ┌───────┐/
       \_____│ 4. 巻号情報│
            │（発行時物理単位）│
            │ 発行日付、単価、etc.│
            └───────┘
```

大　情報の単位　小

みた。ここでは扱われる情報を6つに分けているが，現実のシステムではそれぞれが一つの「ファイル」であると考えてもよい。

1. 書誌情報（雑誌名単位。目録上の逐次刊行物書誌単位）
2. 受入誌情報（受入部数単位。受入雑誌数といってもよい）
3. 契約情報（契約年度単位。各年ごとの契約単位）
4. 巻号情報（発行時物理単位。つまり日々到着する各号単位）
5. 所蔵情報（所蔵単位。目録上の包括所蔵単位）
6. 製本情報（製本物理単位。合冊製本・備品化された単位）

また，図の左側1，2，3，4が契約・受入業務のラインであり，右側1，5，6が目録業務のラインであるといえる。

この6種類の情報は，それぞれ単位を異にしている。図表3.9では下にいくほど単位が細かくなる。一つの「書誌情報」（1雑誌）に対して複数の「受入誌情報」がありうる（複数部数購入）ことを図中の1：nで示している。

「書誌情報」は1タイトルに1個で最上位の単位であることはいうまでもない。

「受入誌情報」と「所蔵情報」はともに，ある雑誌が受け入れられて保存される単位であり，同じ単位ともいえる（同じ単位なら一情報とも扱えるが，現実のシステムでは契約・受入業務と目録業務で別ファイルとする方が一般的なので，図でも別に扱った）。

「契約情報」と「製本情報」はその下の単位であるが，これは役割を全く異にしており，相互の関連性は薄い。

「巻号情報」は雑誌管理システムの範囲内では最も小さな情報単位である。

3. 雑誌の収集と受入　87

　単行書の場合には「書誌情報」と「所蔵情報」(製本情報に近似した単位)の2つで概ねの処理が片づくことを考えると，雑誌管理システムの複雑さはこの情報単位の多さによるところが大きいといえる。

　なお，各機関の事情によって単位の考え方は異なってくる可能性もある。例えば小さな機関で1雑誌を複数購入・保存するということがまず起こりそうにないならば，「書誌情報」「受入誌情報」「所蔵情報」は同一単位となるから，まとめてしまうこともできるであろう。

　図表3.10に，日常の雑誌受入処理を行う画面の例を示した。注目してほしいのは，画面上に表示されている各項目には複数の情報単

図表3.10　雑誌受入処理画面（例）

```
┌─────────────────────────────────────────────────────────┐
│  [呼出し] [書誌検索] [所蔵巻次編集] [一覧再表示] [業務終了]        │
│                                                           │
│  ID/ISSN [30012763]  配架場所 [GC2100000]  年度 [1999]      │
│  ┌─────────────────────────────────────────────────┐     │
│  │ Computer networks and ISDN systems : the         │◄──── 書誌情報
│  │ international journal of computer and            │     │
│  │ telecommunications networking                    │     │
│  ├─────────────────────────────────────────────────┤     │
│  │ 新着所在:図書館3F雑誌架    製本後所在:図書館書庫   │◄──── 受入誌情報
│  │ 製本要否:要  所蔵更新要否:要  和洋区分:洋  判型:B5 │     │
│  │ 状態区分:継続  巻号:31(1)-31(24)  契約冊数:24  契約額:178,654 │◄──── 契約情報
│  ├─────────────────────────────────────────────────┤     │
│  │ 巻  号  通号  扱  発行日    受入日    単価  処理  年度  業務注記 │
│  │ 31  13        99.05.17 99.06.17       受付済 1999 no.13-16合併号 │◄── 巻号情報
│  │ 31  14        99.05.17 99.06.17       受付済 1999          │
│  │ 31  15        99.05.17 99.06.17       受付済 1999          │
│  │ 31  16        99.05.17 99.06.17       受付済 1999          │
│  │ 31  17                                欠号   1999          │
│  │ 31  18        99.08.17 99.08.25       受付済 1999          │
│  │ 31  19        99.08.31 99.09.06       受付済 1999          │
│  └─────────────────────────────────────────────────┘     │
│  [修正] [削除] [督促]                                      │
│  巻 [31] 号 [20] 通号 [ ] 扱 [ ] 業務注記 [       ]        │
│  発行日 [19990915] 受入日 [19991107] 金額 [0] 利用者注記 [ ] │
│                                      年度 [1999]          │
│  [新規受入] [修正登録] [欠号受入]                           │
└─────────────────────────────────────────────────────────┘
```

位（複数のファイル）からのものが混じっているということである。

この画面で実際に扱うのは「巻号情報」の単位であるが，書誌情報・受入誌情報・契約情報の主要項目が示されていると，受入処理中に起こる諸問題の発見・対応を援助できる。図表3.8のビジブル・レコーダー・カードにもそうした諸情報の記入欄があるが，台帳やカードではいちいち手書き転記を行うしかなかった。それに対して各情報単位のファイルを操作することでこのような表示が容易にできるのがコンピュータ化の大きな利点であり，作業者の使いやすい画面設計を図る必要がある。

3.4.3 各サブシステムの設計

図表3.9の中心部分に，雑誌管理システムを業務ごとに分けた各サブシステムとそれが主に扱う情報を示した。以下，それぞれのサブシステムの基本的考え方と問題点をごく簡略に述べる。

(1) 契約・受入業務サブシステム

① **外国雑誌契約・支払**　外国雑誌は前金払の年間予約制を原則とするので，その契約・支払処理は年に一度で済むかわりに一気に大量データを扱わなくてはならない。また，相当量の帳票類を必要とする業務でもあり，オンライン処理よりもバッチ（一括）処理の比重が高い。

扱う情報単位は「受入誌情報」と「契約情報」が主である。「受入誌情報」は受入部数ごとの基本情報（排架場所，保存区分，購入予算など）であり，主に購入タイトル変動に伴ってメンテナンスされる。「契約情報」は各年度の契約基本情報（契約巻号，価格，予

定冊数など）である。「契約情報」は毎年作成の必要があるが，大半の雑誌は継続購入されるので，ある時期に当年度分をコピーして，次年度分を一括作成してからメンテナンスすると省力化となる。

② **国内雑誌支払**　国内雑誌の大半を占める市販雑誌は，1冊ごとに定価がつけられているので，「契約情報」のような年度単位の情報は必要ない。一般的には，一定期間内（月次など）の到着分をまとめて支払うので，日常の受入処理で入力された「巻号情報」（価格を入力する必要がある）から支払処理が行われることとなる。なお，購入タイトルの管理や見直しをする意味で「受入誌情報」は必要である。

直販雑誌で，年間など一定期間の予約制をとる雑誌は，外国雑誌に準じた方式となり「契約情報」が必要になる。

③ **日常の受入**　いうまでもなく「巻号情報」を追加していく業務である。日常的に最も使われるオンライン処理であり，効率的な設計が必要である。直接操作されるのは「巻号情報」のみであるが，担当者がさまざまな問題を発見しやすいように，「受入誌情報」「契約情報」の主要部分が参照でき，また「契約情報」との不整合データ（契約外巻号など）は警告を出すなどするのが望ましい。

3.3.3で述べたように欠号・未着への対応は非常に重要であり，そのチェックが随時行える仕組みも用意しておく必要がある。また，誌名変更への対応は，契約・精算ともからむので厄介であり，設計段階で十分な考慮が必要である。

台帳やカードへの記入と比べて効率性・利便性とも優れているのは明らかであるが，一方でコンピュータ特有の「融通の効かなさ」

という面もある。手書きの記入なら,合併号や分冊発行,定期・不定期の付録といった不規則発行も少しの工夫で書けるし,その雑誌の特有のさまざまな事項をメモしたり資料を添付しておくことも容易である。コンピュータではそうはいかないので,起こりうる事態をある程度整理して,システム設計段階で考慮するか,運用による対応策を考えておくことが望ましい。コンピュータに乗りにくい部分を単純に無視してしまうのでは,サービス向上につながらない。

④ **外国雑誌精算** 3.2.4で述べたように,前金払を行った外国雑誌は年度末等の時点で到着状況を調査して精算処理を行うのが一般的である。これは手作業で行うときわめて煩雑な処理であり,「契約情報」「巻号情報」から機械的にできると大きな省力化となる。

精算処理によって当該年度の処理は完了するが,欠号・未着分はなお補充の道を求めることになるので,欠号の情報は何らかの形で保存しておかなくてはならない。なお,「契約情報」や「巻号情報」は目録情報のように永久保存すべきものではないが,どの程度保存しておくかは,業務記録としての必要性などを勘案して,各機関で基準を定めることとなる。

(2) **製本業務サブシステム**

製本は,消耗品として受け入れられた雑誌を合冊して備品受入する処理である。4.2.3で述べるように,雑誌価格(各冊価格の合計)に製本費用を加えて備品としての評価額とするのが一般的である。外国雑誌精算と同様煩雑な計算を必要とするので,機械化による省力効果は大きい。

「巻号情報」を複数まとめたものから「製本情報」が作られるこ

とになるが，小さな単位が先に存在して大きな単位にまとめていく点が他の業務にない独特の処理であり，作業用のインターフェースなどに工夫が必要である。

「製本情報」は製本業務に使われるとともに，1冊の図書館資料を表わす単位として所蔵管理上重要な情報であり，永久保存されることになる。製本業務時点では「製本情報」と「巻号情報」は1：nの上下関係にあるが，その後は情報役割を異にする（「巻号情報」は永久保存すべきものでない）ので関係性は切れた形になる。なお，情報単位は同じでも，製本業務に必要なデータと所蔵管理上必要なデータとは違いがあるので，実際のシステムでは2つに分ける（いわば「製本作業情報」と「製本所蔵情報」）場合も多い。

(3) **目録業務サブシステム**

目録情報は書誌・所蔵の両情報からなるが，雑誌の場合は所蔵に図表3.9の「所蔵情報」（排架場所ごとに所蔵の範囲を示す包括的所蔵）と「製本情報」（書架上にある1冊の単位）の2種類がある。目録規則上の所蔵事項は前者にあたるが，「製本情報」も所蔵管理上蓄積していくのが望ましい（特に，製本雑誌の閲覧・貸出をコンピュータ処理するには必須である）。

雑誌目録業務では，受入に連動して既存の書誌・所蔵情報を更新していく必要が頻繁に生じる。基本的にはデータが追加されていくだけの図書目録とは，そこに大きな違いがある。とりわけ「所蔵情報」は新しい巻号が受け入れられる都度，更新していくべきものである。従来の手作業による目録作成では，更新頻度にも限界があり，「1-10+」のように継続受入記号をつけた所蔵巻号情報として実際の

更新は数年に一度くらいの間隔でしか難しかった。雑誌管理システムでは「巻号情報」で受入巻号や欠号などが簡単に把握できるようになり，「巻号情報」を新着受入情報として OPAC で提供（会計的事項等の項目は外して）したり，受入に連動して「所蔵情報」の所蔵巻号情報を書き換えるなどの処理が可能になっている。

4. 雑誌の利用と保存

4.1 新着雑誌の利用

4.1.1 展示と回覧

(1) 展示

新しい雑誌が図書館に到着し,受入関係の手続きを済ませて利用できる状態になると,一般的には雑誌架に展示される。

雑誌架にもいろいろな発想と工夫があって,新着雑誌のみを展示するもの,ピジョンホールとの兼用で,ふたに新着雑誌を展示し,ふたを開ければバックナンバーが入っているもの,あるいは雑誌架を上下に区分し,上部が新着雑誌の展示専用,下部はバックナンバー収納用としたものなどがある(図表4.1)。

これらの展示はいずれも雑誌の表紙を重視したものである。一般的な週刊誌等では,表紙に絵や写真を使用し,読者の興味をそそるとともに,記事内容の見出し等を掲げて,内容をわかりやすくしているし,学術雑誌等においては表紙に目次を載せたものも多く,表紙を見ることによって内容を知ることができるので,その特徴を生かそうとしたものである。

次の号がくるまでの展示は,公共図書館や大学図書館のブラウジングルームでは必須の措置と思われるが,多数の雑誌を取り扱う研

図表4.1 新着雑誌の展示

(丸善㈱カタログより)

図表4.2 新着雑誌の展示
（大阪市立大学学術情報総合センター医学部分館）

図表4.3 ピジョンホール（大阪市立大学学術情報総合センター医学部分館）

究図書館では，個々の雑誌の展示は1・2日〜1週間にとどめ，展示後は次号の到着と関係なく，ピジョンホールに収納しているところもある（図表4.2, 4.3）。

(2) 回覧

利用者がある程度特定されている専門図書館や，大学の部局図書室においては，新着雑誌の利用の方法として，それを回覧することがある。購入あるいは寄贈・交換でカレントに受け入れられる雑誌を，あらかじめ個人・研究室等からの希望を登録しておき，それに基づいて該当雑誌が到着すれば，希望者に期限を決めて回覧するものである。

この方法は，利用者が図書館に行かなくても，早く，直接希望雑誌を見ることができるので，利用者には喜ばれる場合もあるが，そ

の反面，新着雑誌が一定期間図書館外にあることになるし，回覧の順序や期間の設定に問題が多く，実施には慎重な配慮が望まれる。

4.1.2 コンテンツ・シート・サービス

新しい雑誌が到着したこと，またその雑誌の内容を知らせるもう一つの方法に，コンテンツ・シート・サービスがある。

調査・研究を主とした専門図書館等において，多忙な研究者が新着雑誌を見るために，図書館まで足を運ばなくても，自分が読みたい雑誌をあらかじめ図書館に登録しておけば，その雑誌の新しい号が到着次第，そのコンテンツ・シート（目次の載っているページ）の複写を利用者・研究室まで届けてもらえるサービスである。利用者はそれを見て，読みたい論文・記事があれば，その部分を図書館へ行って読むなり，コピーを頼むなりすればよいわけである。

このサービスを利用すれば，研究者は新着雑誌のチェックのために，図書館まで出かけて行く必要がなくなるし，それを保存しておけば，どの雑誌のどの号までをチェックしたかを記憶しておく必要がなくなる。図書館としても，新着雑誌を回覧に回して，一定期間特定の研究者や研究室に資料が滞るよりも，コンテンツ・シートを複写することにより，同時に多数の利用者に知らせることができるので，資料管理に有効である。

図書館としては，研究者が利用者として図書館にやってくるのは，単に図書・資料の貸借だけではなく，利用者との面接・応対によって相互にいろいろな情報のやりとりが行われ，次の利用・サービスへと発展していくポテンシャルを秘めているので，いたずらに利用

者が図書館に来なくても済むような措置をとるべきではないが,特定の研究者を対象とするような調査・研究図書館等においては,失うものより,得るものの方が大きいとの判断からか,図書館における研究者援助として,次に述べる SDI サービスとともに,重要なサービスの一つとして,多くの館で実施されている。

4.1.3 SDI (Selective Dissemination of Information) サービス

SDI サービスは,1961年に IBM 社の Luhn が提唱した[1]もので,元来,研究者がどのような主題に興味をもっているかパターン化して,電子情報処理機 (electronic information processing machine) によるシステムに登録しておき,新しい論文が到着したときに,そのパターンがある程度一致した利用者に,その論文を送付しようとするものであった。

最近は,この方法から発展して,特定のデータベースから,シソーラスを用いて選定・登録したキーワードによって定期的(データベースの内容が更新・追加される都度)に文献を検索し,それを利用者に知らせる SDI が,コンピュータによる文献検索の一部として実施されている。

また,これのマニュアル版ともいうべきものに,逐次刊行される二次資料を用い,あらかじめ登録された利用者のキーワードによってそれを検索したり,新着雑誌をスキャンして,特定研究者の登録テーマにあった論文を検索し,それを利用者に知らせるサービスがある。

データベースや二次資料を用いて行う SDI は,新着雑誌の直接

の利用とはかかわりがないように思われるが、それらによって検索される文献は主として雑誌論文であり、またこれに利用される二次資料も2.2.2で述べたように、雑誌の一種とも考えられるので、新着雑誌の利用と密接にかかわるものである。

4.1.4 閲覧と貸出し

新着雑誌の利用は、一般的にはブラウジングルーム、あるいは雑誌室などにおいて、閲覧という形で行われる。これは雑誌に掲載されている記事や論文が比較的簡単で短く、短時間で読み終えてしまうことができることや、記事や論文の種類が多岐にわたっていて、1冊の雑誌を全部読む必要がないなどの理由から生まれた利用法である。

ところが、雑誌によっては内容が重厚で長い論文であったり、学術雑誌、特に外国雑誌等では、自室などでゆっくり時間をかけて読まなければならないものや、ノートをとる必要があるものもあって、館内の利用のみでは不便を生じるものも出てくる。

従来、合冊製本して保存されるべく登録されていない雑誌（いわゆる未製本雑誌）は一般に禁帯出とされ、館内利用のみに限定されている場合が多かった。このことは先に述べた理由から、利用を館内に限ってもさして不便を感じることがなかったことや、帯出させないことによって、より多くの利用者の目に触れる機会を与えようとしたものであった。

しかし、未製本雑誌といえども、すでに一定期間の展示を終えたものや、次号の到着しているものについては、貸出しを行った方が

図表4.4　雑誌ラベル

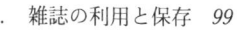

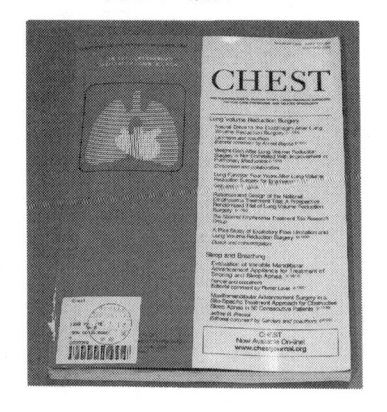

　　　　　　　　　　　　　　　よいように思われる。
　未製本雑誌の貸出しについては、物品管理の点からも、貸出手続き上からも面倒なことは事実であるが、雑誌も図書館資料である以上、基本的には他の資料と同じであって、その形態上から若干の注意が必要なだけであるから、やはり帯出利用を可能にして、利用者の自由な閲覧に応えるべきである。

　最近、雑誌管理をコンピュータで行う館が増えてきているが、受付入力の際に、到着日とともにユニークナンバーやバーコードを表示したラベルを出力させ、それを雑誌に貼付して、受入表示を行うとともに、貸出しに際してはそのナンバーをスキャナーで読み取らせ、貸出管理と、雑誌マスターファイルとのマッチングによる利用統計のトータルシステムを実施しているところもある（図表4.4）。

4.1.5　新着雑誌の保管

　新着雑誌の保管については、「4.1.1(1)展示」においても述べたように、展示と保管が同時に行えるような雑誌架においてなされるのが普通である。
　ところが、雑誌は判型や刊行頻度がさまざまで、すべてが同じ型の雑誌架では不便が生じることがある。このため、同じ大きさの雑

誌を集めたり，1年に多数の号が刊行される雑誌の棚を大きくしたり，いろいろな工夫がなされるが，今度は雑誌の排架順序が乱れるなどの不便があったりして，なかなかうまくいかない場合が多い。

そこで，展示と保管が同時に行える雑誌架をあきらめ，展示は展示のみ，保管は保管専用と，用途を分けた雑誌架を採用しているところもある。多数の雑誌を扱う館においては，この方が効率よく，無駄なスペースをとらなくて済むように思われる。

雑誌保管棚としては，前述の展示・保管共用のもの以外，ピジョンホール型のものが多いが，通常書架を利用したオープンファイルを採用したり，将来製本を予定しているものについては製本雑誌の後に直接並べたりしているところもある。

ピジョンホールに保管する場合でも，単に雑誌の各号を平たく重ねて収納するだけでなく，背を見せて収納できるような工夫があってもよい。そうすれば表紙を見ることができなくとも，巻号数や，特集の表示などを見ることができる。

オープンファイルを採用する場合は，背の問題は解決するが，比較的薄い雑誌を立てて収納するため，形がくずれる場合が多く，利用・製本等に支障を来す場合があるので，注意が必要である。ブックレスト，書架クリップ等をうまく活用すれば，収容力もあり，展示的要素も加味されて，優れた方法となる可能性がある。

4.2 雑誌の保存

図書館で受け入れている雑誌を保存するかしないかは，図書館にとって大きな問題である。

雑誌は一般にその形態から，物品管理上は消耗品として取り扱われている場合が多い〔3.3参照〕。

ところが，学術雑誌はもちろんのこと，一般誌でも掲載された論文・記事の内容が後で引用されたり，参照される場合があって，バックナンバーの利用が必要となってくるので，そのような利用が予想される（文献的価値のある）雑誌は，取得手段のいかんを問わず，保存しなければならない。

雑誌の場合，どの号が重要でどの号が重要でないかは判断が困難であり，いったん保存すると決めた限りはよほどのことがない限り，欠号なく保存するのが建前であり，利用者に対する義務である。

したがって保存の決定に際しては，書庫スペース，予算，手間，利用の予測等，慎重な検討と判断が必要である。また雑誌文献が膨大な増加をたどっている現在，地域的な館種を越えた共同保存体制も積極的に検討されなければならない。

保存の決定について，雑誌を選択した時点で，保存するか，一定期間後廃棄するかを決めておけば，事後の処理は簡単であるが，選択時点では，バックナンバーの利用の予測がつかず，保存するかどうか決めかねるものもある。このようなものについては，一定期間（2～3年）ようすをみてから決定してもよい。

4.2.1 雑誌合本の意義

雑誌の保存が決定されれば，多くの場合一定の区切り（巻，年等）で合冊製本されるのが普通である。

これは雑誌の1冊1冊が薄くて，そのままでは書架上に並べにく

いことや，ばらばらのままでは散逸しやすく，欠号を生じやすい点があること，また紙表紙のままでは長期に保存して多くの利用に応えるには耐久力がない，消耗品としての取り扱いであった雑誌の各号を，合冊することにより1冊の図書として図書館の蔵書として登録する，などのために，もっぱら管理上の理由から図書館においてとられる措置である。学術雑誌等では，はじめから後で製本されることを予想してページ付けがされていたり，巻頭，巻末に標題紙や総目次・総索引等が用意されているものもある。

しかし，利用上からは必ずしも合冊製本した方が便利であるとはいえず，ほんの2・3ページのものを読むためにも，厚い合冊した雑誌を借りなければならず，また，1編の論文の利用のために，同時に合冊されている他の多くの論文の利用が一時停止されなければならないなどの矛盾をはらんでいる。したがって合冊製本の時期と分量には細心の注意が必要である。

4.2.2 図書館製本の特性

個々に刊行された雑誌の各号を，一定の区切りや分量でまとめて合冊し，多くの場合厚紙の堅い表紙をつけ，クロースで覆って背に活字で誌名を箔押しし，あたかも1冊の本のような体裁に仕上げることを製本というが，雑誌の合冊製本の場合，図書の出版製本と区別して，特に諸（モロ）製本または図書館製本という場合がある。図書館で扱う製本にはこのほかに，傷んだ図書を修理する修理製本があるが，最近では単に製本といった場合，この雑誌の合冊製本を指す場合が多い。

雑誌を合冊製本する場合，次の事柄に注意しなければならない。

(1) **時期**

雑誌が最もよく利用されるのは，学術雑誌においては，その雑誌が刊行されて1年〜2年後くらいであることが多くの調査により知られている。

これは，研究過程における Current awareness （新着情報追跡調査）等により新着雑誌を読んだ研究者が，研究成果を発表する際に引用文献としてその論文を紹介するのがちょうどその頃にあたり，それを読んだ二次利用者がその一次文献にアプローチしてくるからである。したがってこの時期に，雑誌が製本のために図書館にないというような事態は極力避けなければならない。

また，多くの場合製本業者に発注することになるが，毎年2月・3月頃は，年単位の雑誌が完結する時期にあたり，予算的にも年度末で執行予定が確定することもあって，多くの冊数が一時に業者に殺倒し納期が遅れる心配がある。資料が図書館を離れている期間はできるだけ短い方がよいので，これらの時期も何とか避ける工夫をした方がよい。

最近，製本業者によっては，委託された雑誌の製本の各工程を記録しておき，どの段階からでも必要な資料を抜き出してコピーに応じるというサービスを実施しているところもあるので，製本期間が長びきそうな場合は，このようなサービスを利用するのも一つの対策である。

(2) **規格**

雑誌は普通同じ判型でずっと刊行される（例外的に特別号だけ型

が違ったり，途中で判型が変わることもある）ので，製本する場合も同じ体裁を保って書架上に並ぶことが望ましい。

そのために，

　a．使用するクロースの生地と色
　b．背文字の大きさと箔の種類と位置
　c．巻，号，年等の数字の体裁と表示法

図表4.5　製本の規格

（ナカバヤシ・カタログより）

などについて，各巻とも統一を保って，書架上見苦しくないよう，利用者や職員の検索に際しても都合のよいように配慮しなければならない（図表4.5）。

①　**クロースの生地と色**　製本雑誌全部のクロースを一色に統一するものも，面倒がなくて一つの方法ではあるが，書架上で隣接する別の雑誌と区別するためにも，できればタイトルごとに色を分けたい。その際，生地と色はかなり長期にわたって，安定して供給されるものを選んでおかなければ，年によって少しずつ色や生地が違うといった結果をまねきかねない。

②　**背文字**　背文字に用いる誌名を縦書きにするか，横書きにするか，洋雑誌の場合は誌名が長い場合が多いので，一部省略形を用いるかどうか，また一般に金箔を使う場合が多いが，クロースの色によっては黒や白押しの方が見やすい場合もあり，これらのことを十分検討する必要がある。

位置も巻・号・年等の数字とあまり接近しないよう，また書架に並べた際に，隣の同じ雑誌と背文字の位置が違うなどという不細工なことのないよう，製本に出す際に，1冊1冊の仕様書を作って，

4. 雑誌の利用と保存　105

図表4.6　製本仕様書

大阪市立大学雑誌合冊製本仕様書　　発注番号 №

誌　名								
背文字の位置（　　群）				中味の取り揃え等				
シリーズ				と　じ	手かがり	機械かがり		
巻				表　装	総クロス			
号				大きさ				
欠　号				標題紙	有	無		
年				総目次	本文の前	そのまま		
月				各冊目次	本文の前	そのまま		
総目次				総索引	巻　末	本文の前		
巻				前表紙	そのまま	除去		
				後表紙	そのまま	除去		
				学会記録等	そのまま	除去	本文の後	
				広　告	そのまま	除去		
				付録別冊	巻号順	刊行年	別製本	
				刊行回数				
大学名	大阪市大							
受　入　事　項								
価　格								
登録番号								
登録年月日								

（1980年代当時使用のもの）

規格・仕様を統一しておかなければならない。そのためには図書館で製本規準を設け，マニュアルを作成しておけばよい。そうすれば，途中で担当者や業者が替わっても，いつも同じでき上がりの製本雑

106

大阪市立大学
雑誌合冊製本背文字規格表

図表4.7 背文字規格表

背文字	活字の大きさ	活字の書体	群	和	洋
誌名	背の空間に応じて、使用できる最大の活字を使用すること。ただし、数字はゴシック体	和雑誌は明朝体、洋雑誌はサンセリフ体	H		380—415
			G	364	335—355
			F	297	285—325
			E		260—255
			D	B5 257	
			C		220—255
			B		215
			A	A5 210	
シリーズ	〃	ゴシック体		18ポ	
巻	〃	〃		30ポ	
号	〃	〃		16ポ	
欠号	〃	〃		12ポ	
年	〃	〃		20ポ	
月	〃	〃		16ポ	
総目次	〃	〃		12ポ	
巻	〃	〃		12ポ	
大学名	〃	明朝体		14ポ	

活字
1. 洋雑誌の誌名はすべて大文字とする。
2. 冠詞、前置詞、接続詞等は活字の大きさをおとす。

(1980年代当時使用のもの)

単位mm

誌が得られることになり，安心して書架に並べることができる（図表4.6，4.7）。

③ **巻・号・年等数字の処理** 和雑誌を製本し，背文字の誌名を縦に表示したような場合，その巻号数を漢数字を用いて表わしたり，年数に「平成」などの年号を冠したりしがちであるが，数字はできるだけ大きくシンプルな方が見やすくてよいため，「巻」や「号」などを付さずに，アラビア数字のみで表記し，その位置と大きさなどで巻号を区別するように決めておけば，すっきりと見やすいもの

図表4.8 背文字の位置

●必要活字を大きく配置
●巻・年などの文字は省略した

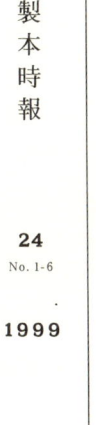

製本時報

24
No. 1-6

1999

（ナカバヤシ・カタログより）

になる。多くの雑誌を扱う館では、利用もオープンアクセスのところが多いが、利用者にとっても、「巻」や「号」を伴った小さな数字（表示のスペースに限りがあるので、字数を多くすればそれだけ書体が小さくなる）で表わされているよりは、数字のみで大きくはっきり表示されている方が、検索に便利であり、職員の出納にも好都合である（図表4.8）。

これらのことも館のマニュアルではっきり決めておき、仕様書で業者に指示しておけば、巻と号、あるいは年の数字の位置を間違えたりすることはない。

④ **標題紙, 総目次, 総索引の処理**　洋雑誌の中には、合冊製本するために、標題紙を別につけてくるものもある。こうした標題紙は、巻の初号についている場合もあるが、多くの場合、巻末にとじ込まれていたり、あるいは挟み込まれていたりしている。

また、号数の多い雑誌の場合は、最終号では総索引等の編集が間に合わず、次の巻の初号や2号についている場合もあるので、製本担当者は受入担当者とよく連絡をとり、これらに十分注意していなければならない。

標題紙がある場合、それを一番前に置くのは当然であるが、総目次と総索引がついていれば、総目次を標題紙の次に、総索引を巻末につけて製本するのが通常のスタイルである。和雑誌などで標題紙がない場合は、総目次を一番前に置いて標題紙の代わりをさせ、そこに受入上の諸手続きをすることもある。

合冊製本に際して、各号の表紙をどうするかは難しい問題で、総目次のない場合など、各号の表紙を前に集めて総目次の代わりをさ

せることもあるが，通しページのない場合などは，むしろ各号の区切りとして表紙を残しておいた方がよく，各館において利用者の立場にたった観点から十分検討しておく必要がある。

⑤ **広告の処理**　広告は普通取り除いて製本する。しかし次のような場合は，その取り扱いに十分注意し，必ずしも原則に従う必要はない。

i）　広告にも通しページが付されている場合：広告を取り除いてしまうと，ページがとんでしまい，落丁との見分けがつかなくなる。

ii）　広告の裏面に重要な記事がある場合：本文と広告とが表裏に印刷されている場合は少ないが，編集の都合で，学会の案内や投稿規程の裏面が広告に使われることがよくある。この場合などもうっかり取り除いてしまうと，重要な情報を失うことになる。

iii）　広告がその雑誌の内容と非常にかかわりのある場合：医学雑誌における医薬品や医療器具の広告の場合など，後で必要となることがよくあるので，慎重な見極めが必要である。

いずれにしても，広告が多量であって，取り除いて製本すれば，2冊分が1冊に納まるといった量的な問題は考慮しなければならないが，それ以外はあまり神経質になる必要はない。

4.2.3　合本受入

4.2.1でも述べたとおり，通常雑誌は会計上消耗品として取り扱われる場合が多いので，「雑誌受付簿」「ビジブル・レコーダー」な

ど，いわゆるチェックリストに記載されても，図書原簿に登録されることはない。

ところが，合冊製本して保存することを決めた雑誌は，製本された1冊を単位として，図書と同じように図書原簿に登録され受け入れされる。この手続きを「編入受入」といっている。

編入受入は，購入や寄贈と違い，一度消耗品として受け入れた（この場合はチェックリストに到着日，価格等を記入するだけで受入番号は与えない）ものを数冊まとめて合冊製本するため，1冊の図書としての形態と価値が新たに生まれるので，消耗品であったものを備品に編入するために行う受入手続きである。

このため消耗品としてはいったん払出し，その払出価格に製本費等の付加価値を加えて，その製本雑誌の価格として受け入れる。寄贈や交換で受け入れている雑誌であれば，一定の方式（定価があればそれを，なければ適当な評価方法を館で定めておく）により評価額を受入価格とする。

受入価格に製本費を付加することについては，会計費目が違うことを理由に疑問視する考えもあるが，いずれにしても，備品として登録する以上，館の資産となるものであり，何らかの評価をしなければならない。

4.2.4 排架と書架

合冊製本され，受入登録された雑誌は，一般の図書と同じように書架に排架される。

製本雑誌の排架については，雑誌の主題ごとに分類排架する場合

と，各種の雑誌を区分せず，誌名順排架する場合とがあるが，分類排架する場合でも何らかの別置記号を付して，一般の図書とは別の書架に排架するのが普通である。これは，同じタイトルで号を逐って刊行される雑誌の特質によるもので，一般の図書と混排した場合，量的にも質的にも一般図書とはなじまず，書架操作を困難にするためである。

また，同じような理由から，雑誌の分類もあまり意味がなく，大きな総合図書館でもない限り，誌名順に排列するだけで十分である。

製本雑誌を開架室に置くか，書庫に入れて出納式にするかは大きな問題である。大学の部局図書室や，専門図書館で全館開架制のところは問題は少ないが，大学の中央館や府県立の図書館のように，多数の雑誌を受け入れている館は，部分開架制をとるにしても，どの雑誌を何年分開架するかは慎重に検討しておかなければならない。

この問題は，雑誌のバックナンバーを保存書庫へ移すときも同じで，利用統計や引用調査に基づいた一定の方式を確立しておかなければならない。

前述したように，雑誌のバックナンバーの利用は，学術雑誌の場合，刊行された翌年の利用がピークで，以後逓減することが知られており，自然科学系では10年でほぼ寿命が尽きるようである。もちろん10％以内の利用はその後も続くし，人文・社会系の雑誌はもっと寿命が長いので一概にはいえないが，自館での調査や多くの研究成果をもとに，適切な排架を行わないと，よく使われる雑誌と，あまり使われない雑誌とが混在し，動線も長くなって，利用者や職員のアプローチを困難にすることになる。

製本雑誌用書架は，普通のものと同じものでよいが，雑誌が大型化する傾向にあるため，通常7段組みでよい書架を6段にしたりする必要があり，合冊の際の厚みの増加とも相まって，書架面積の消費は多くなるので，その対策を考えておかなければならない。利用の落ちた部分を倒して排架し，書架の段数を増やして収容力を高めたり，集密書架を採用するなどの工夫が必要である。

4.2.5 その他の逐次刊行物の製本・保存

「新聞」「シリアル・パンフレット」については，それぞれの章で説明した。また「年鑑」「便覧」など，逐次刊行されるものであっても，刊行頻度が年1回以下のものは通常，図書に準ずる装丁がなされているので，原則として製本は不要である。

引用文献・注

1) Luhn, H.P., "Selective Dissemination of New Scientific Information with the Aid of Electronic Processing Equipment". *American Documentation*, April 1961 : p.131-138

5. 雑誌以外の逐次刊行物

5.1 会議資料

　学術会議の発表は，雑誌論文よりも速報性に優れ，またオリジナリティーも高いといわれており，自然科学分野を中心に図書館での需要も多い資料である。しかしながら，書誌コントロールの不完全さと入手の困難さから，図書館員と利用者を悩ませることの多いものでもある。

　会議資料はもとよりすべてが逐次刊行物ではないが，会議が継続して開催されるものも多く，雑誌に相通じる問題もはらんでいることから，特に本書で扱うこととした。

5.1.1 会議資料の特徴

　前述のように，速報性とオリジナリティーの点から会議資料の重要性は大きく，他論文に参考文献として引用される率も高いといわれている。

　一方で，必要な会議資料を計画的に，しかも網羅的に収集することは非常に困難である。また，レファレンスを通じて出た特定資料への要求も，雑誌論文や図書に比べると入手までの障害が多い。その理由には，次のような事情があげられる。

(1) **開催情報の収集困難**

いつ,どこで,どんな会議が開かれるか,という情報を総合的にもれなく把握するのが難しい。

(2) **出席者の優先**

プレプリントなどが作られても出席者にのみ配布され,図書館での入手が難しいことが多い。事後に会議録を出す場合も,出席者数を意識してそれほど余分を作成しないことが多く,早めに手当てしないと品切れになる危険が高い。

(3) **事務局・出版元の不確定性**

継続して開催されている会議でも,事務局は開催地機関の持ち回りで毎回変わることが多く,この場合には会議資料の出版方針も一定とは限らない。特に国際会議では,国も異なってしまうこととなる。

(4) **発行形態の不確定性**

会議資料が一般に入手できる場合も,発行形態がまちまちである。例えば,1論文1冊のテクニカル・レポートとして刊行されたり,会議録(Proceedings)として独立した図書で出版されたり,さらに主催団体の機関誌である雑誌に論文として,あるいは特集・別冊号として収録されたりという具合である。(3)の事情もからんで同じ会議でも形態や出版社が変わってしまうケースも少なくない。

(5) **アクセスポイントの不確定性**

会議録のタイトルは,会議名と会議録を示す名称(Proceedingsなど)が文法的につながっていたり離れていたり,一連の会議でも表記に統一性のないことが多い。また,商業出版社から図書として

刊行される会議録では，タイトルに会議名とは異なるアトラクティブなタイトルをつけることが多く，序文などから初めて会議録であることがわかることも少なくない。

タイトルでなく会議名でアクセスできる必要があるが，これも名称が微妙に変更されることが案外多いし，往々にして長い名称なので利用者の間では略称が使われていたり，必ずしも確固としたアクセスポイントとはいえない。

5.1.2 会議資料の種類

会議資料と一口にいっても，さまざまな種類のものがある。大別すると，会議が実際に行われるまでに配布される「会議前出版物」と，会議で発表された論文などを伝える「会議後出版物」の2種類がある。

(1) **会議前出版物**

① **カレンダー** 会議の開催を予告するもので，会議の発表者，参加者の募集に関する案内である（図表5.1）。大きな会議では，会議の1・2年前に発表される。通常は主催団体発行の機関誌や関連学術雑誌に掲載されるが，最近はメーリングリスト等による告知も一般的になってきている。

② **プログラム，スケジュール** 会議での発表論文名，発表者等の具体的内容を告知する（図表5.2）。

③ **講演要旨** 会議の直前に出版される。プレプリントの要旨である。

④ **プレプリント（予稿集）** 会議での発表予定論文の全内容を印

図表5.1 カレンダー

NEWS

Meetings Calendar
1985

Jan. 28–30: **Doppler-Echocardiography-1985: State of the Art.** Holy Cross Hospital, Fort Lauderdale, FL. Inquiries: Professional Medical Services, Suite 527, POB 6010, Sherman Oaks, CA 91403.

Jan. 28–30: **The Clinical Laboratory in the New Era: Quality, Cost and Diagnostic Demánds.** Hotel Del Coronado, San Diego. 8th Annual Arnold O. Beckman Conference. Sponsored by the American Association for Clinical Chemistry. Inquiries: AACC, 1725 K St., NW, Washington, DC 20006. Tel. 202-857-0717.

Jan. 28–31: **3rd Annual Cardiology Update Symposium.** Sheraton-

図表5.2 プログラム

INVITED LECTURES

Chairman: **G. GIUNCHI** - Istituto di III Clinica Medica, Università degli Studi « La Sapienza », Roma

10.00 **S. FINEGOLD** - UCLA School of Medicine, Los Angeles
Flora intestinale normale
Normal human intestinal flora

10.30 **S. GORBACH** - Tufts - New England Medical Center, Boston
Metodi biochimici per lo studio della flora intestinale e modelli sperimentali
Biochemical methods and experimental models for intestinal flora studies

11.00 Coffee Break

11.30 *SYMPOSIUM*

Tecniche di studio della flora intestinale e modelli sperimentali
Intestinal flora studies: techniques and experimental models

Chairmen: **J.G. BARTLETT** - Johns Hopkins University School of Medicine, Baltimore;
G. ZOPPI - Istituto di Auxologia, Università degli Studi, Verona

5. 雑誌以外の逐次刊行物

図表5.3　プレプリント

```
                          American Society
                             of Clinical Oncology
                          19th Annual Meeting




          PROPHYLAXIS OF INFECTION IN PATIENTS WITH
          APLASTIC ANEMIA RECEIVING ALLOGENEIC MARROW
          TRANSPLANTS


          R.M. Navari,  C.D. Buckner,  R.A. Clift,
          K.. Sullivan,  R. Storb
             (Fred Hutchinson Cancer Research Center
              Seattle, Washington D.C. 98104)







  C-332: SUPPORTIVE CARE AND NUTRITION
```

刷したもので，会議の１か月ほど前から会議当日までに参加者に配布される（図表5.3）。プレプリントは会議参加者用に配布されるのが一般的で，図書館では入手が難しいが，オリジナリティーの高い重要な資料である。

⑤ **会議** 会議そのものは資料ではないが，研究成果の正常な伝達の場として重要なものである。最新の研究のオリジナル・プライオリティーは会議による口頭発表で初めて認知される。

(2) 会議後出版物

会議が終わると，発表された論文，討論内容をまとめた会議録が出版されるのが通例である。最近はあらかじめカレンダー等に会議録の出版方法，出版形態などを明記することも多い。反面，メンバーを限定した小規模なセミナーなどでは会議録を出版しない場合もある。

① **ニュース，出席報告** 会議の中で興味を引く発表があったり，開催そのものに話題性があったりしたときには，新聞・雑誌等にその報告が掲載される。

② **雑誌に掲載される会議録** 発表記録をオリジナル論文や抄録の形で雑誌に掲載することは大変多い（図表5.4）。雑誌に掲載する利点には次のようなものがある。

・雑誌は入手方法が簡単である。
・索引・抄録紙等の二次資料で内容が紹介される。
・出版までのタイムラグが少なくて済む。
・同一雑誌に同一会議の会議録を継続して掲載できる。

雑誌への掲載といってもその形態にはいくつかの種類がある。

・通常号に論文として収録される。この場合収録論文は代表的ないくつかに限定される場合が多い。
・通常巻号中の1号を会議特集号とする。
・付録として会議録を出す。

図表5.4 雑誌に収録される会議資料

Surgical Research Society Abstracts

The Summer Meeting of the Surgical Research Society was held at the University Hospital of Wales, 2 and 3 July 1981 with Professor R. Y. Calne (President of the Surgical Research Society) in the chair. The following papers were presented.

1. A clinical trial of evening primrose oil in mastalgia
N. L. PASHBY, R. E. MANSEL, L. E. HUGHES, J. HANSLIP and P. E. PREECE, *Department of Surgery, Welsh National School of Medicine, Cardiff and Ninewells Hospital, Dundee*

Essential fatty acid (EFA) metabolism has been linked with breast function and Horrobin has suggested that a high saturated fat intake, as found in Western diets, interferes with EFA synthesis (1). To test the hypothesis that partial EFA deficiency is an aetiological factor in benign breast disease, we have administered evening primrose oil (EPO), a natural source of EFA, to patients with painful breasts. Seventy-three patients have been investigated in a randomized double blind cross-over study in which EPO was given orally over 3 months. Symptomatic response was assessed using the linear analogue system and clinical examination.

Nineteen patients dropped out within the first 3 months, 16 of them being on placebo. Pain and tenderness were significantly reduced in both cyclical and non-cyclical groups as shown below.

	Pre-trial	3 months
VLA results: cyclical		
Pain		
EPO ($n=16$)	50 ± 26	$32\pm30*$
Placebo ($n=16$)	45 ± 23	42 ± 38
Tenderness		
EPO ($n=12$)	55 ± 28	$33\pm27**$
Placebo ($n=14$)	53 ± 23	49 ± 36
VLA results: non-cyclical		
Pain		

transplant/adjacent tissue radioactivity from daily gamma camera images for 5 days. After 2 years' follow-up, a clinician who did not know the results of isotope studies allocated all patients to one of four groups: good transplant function (group A), deteriorating function due to chronic rejection (group B), nephrectomy for rejection (group C) and nephrectomy for other causes (group D).

The ratio of counts kidney/tissue (mean $\pm$ s.e.m.) on study days 1–4 of 1.61 ± 0.06 in 6 patients with good transplant function (A) compared with 2.80 ± 0.67 in the 5 patients who lost kidneys to rejection (C) ($P<0.05$). The one patient with a functioning but chronically rejecting kidney (B) had a ratio of 2.2. By day 5 after therapy for suspected acute rejection, this ratio in all patients in group A was less than 1.5 (1.39 ± 0.03), but was greater than this in those in groups B and C (2.49 ± 0.33) ($P<0.01$). Four patients underwent nephrectomy for other causes (D).

Within 2 weeks of transplant ^{111}In-labelled platelets appear to accumulate in kidneys which will be lost to rejection. These results justify validation by prospective studies.

3. A comparison of oesophageal pH in normal subjects and patients with reflux oesophagitis using a portable radiotelemetry system
F. J. BRANICKI, D. F. EVANS, A. L. OGILVIE, M. ATKINSON and J. D. HARDCASTLE, *Department of Surgery, University Hospital, Nottingham*

Gastro-oesophageal reflux (GOR) was measured in 10 normal

・継続的に同一会議・関連会議を収録する，会議録専門雑誌。

③ **単行本として出版される会議録** これも非常に多く見られる（図表5.5）。図書形態となる理由には次のようなものがある。

・会議が巨大化して雑誌の1号などではおさまらない。
・商業出版社にとって会議録出版に利益が見込める。会議のチェアマンが一般的に学会等の代表的人物だという点が大きいようである。

一方，図書形態なるがゆえの問題点もいくつかある。

・タイムラグが大きくなる。編集作業に時間がかかる等の理由からであり，論文タイトルが会議発表のそれと変わっているケースも多い。

図表5.5 単行本として出版される会議資料

> **HORMONES AND SEXUAL FACTORS IN HUMAN CANCER AETIOLOGY**
>
> Proceedings of the 2nd Annual Symposium
> of the European Organization for Cooperation
> in Cancer Prevention Studies (ECP)
> Brugge, Belgium, June 22-23, 1984
>
> *Editors:*
>
> **J.-P. Wolff**
> Institut Gustave Roussy, Villejuif, France
>
> **J.S. Scott**
> Department of Obstetrics and Gynaecology,
> University of Leeds, Leeds, UK
>
> 1984
>
> **Excerpta Medica, Amsterdam - New York - Oxford**

・商業出版社の場合、会議名を表に出さずにアトラクティブなタイトルをつけることが多く、会議名からのアクセスに支障がある。
・同一会議の会議録が回次ごとに異なった出版社から出版されることも少なくない。ますます書誌的事項の統一性がなくなる。
・主催団体自身が出版すると往々にして商業ベースにのらず、出版情報がつかみにくい。
・図書館側からみると、毎回情報をつかんで発注する必要があり、

決まった雑誌に掲載されるのに比べて負担は大きい。

5.1.3 会議資料の二次情報

会議資料の収集やレファレンスへの対応には，適切な二次資料や二次情報データベースの利用が欠かせない。会議に関する情報は「会議開催情報」「会議録出版情報」「会議論文情報」の3つに分けることができる。

(1) 会議開催情報

会議情報を事前に入手するための会議開催情報誌がいくつか刊行されている。

1. World Meetings. USA & Canada（Macmillan　季刊）
2. World Meetings. Outside USA & Canada（同上）
3. World Meetings. Medicine（同上）
4. International Congress Calender（Saur　季刊）
5. EVENTLINE（データベース。DIALOGなどで検索可能）

最近では，国内外で多くの学会がホームページを立ち上げており，会議情報の掲載も多い。ある程度の糸口があれば，検索エンジンなどの助けを借りてWWW上で検索するのが最も早道かもしれない。

(2) 会議録出版情報

会議録出版の有無，出版形態，入手方法，価格等，会議録を収集する上では特に必要な情報である。

1. Directory of Published Proceedings. Ser. SEMT, Science/Engineering/Medicine/Technology（InterDoc　年10回刊）

2. Directory of Published Proceedings. Ser. SSH, Social Sciences & Humanities (InterDoc　季刊)

3. Proceedings in Print (Proceedings in Print Inc.　隔月刊)

そのほか，5.1.4でふれる特定情報機関の所蔵目録も出版情報の検索に役立つ場合がある。

(3) 会議論文情報

会議録に収録される個々の論文記事を検索するツールである。論文情報の検索に用いるのが本来だが，論文名・発表者名はわかるが出典の会議録名がわからないという情報要求も案外多く，このようなツールから会議録名・会議名を調べることもできる。

1. Conference Papers Index：CPI (Cambridge Scientific Abstracts　隔月刊)

会議の最終プログラム等をもとに作成されている。対象は自然科学全般である。

なお，CPI は DIALOG などによるオンライン検索も可能である。

2. Index to Scientific & Technical Proceedings：ISTP (ISI 月刊)

出版された会議録を収録対象としている（図書・雑誌等の形態は問わない）。

なお，ISTP は NACSIS-IR などによるオンライン検索が可能である。

3. Inside Conferences (BLDSC)

BLDSC (British Library Document Supply Centre) の

所蔵資料から作成されたデータベースである。冊子体はなく，CD-ROM版で頒布されている。

4. 学会発表データベース（国立情報学研究所）

NACSIS-IRでオンライン検索できる。我が国の学協会の主催する会議での発表情報である。

以上は会議論文情報を専門に集めたツールであるが，各分野の文献情報データベースにも会議論文は多く収録されている。

5.1.4 会議資料の入手方法

会議資料の入手には，図書館による計画的収集と，利用者からの文献依頼による取り寄せの2つが考えられる。

(1) 会議資料の収集活動

今まで述べてきたように，会議資料の計画的収集には，さまざまな困難がある。

普通の図書を収集するには，まずカタログを見ることから始まるが，会議資料の場合には「いつ，どこで，どんな会議が開催されたか」を確認する作業が必要なことが多い。必要な書誌情報が確認できたら，すぐに発注することが望まれる。会議録は出版部数が限られている場合が多く，できるだけ素早い発注が大切である。

書店を通じた通常ルートで入手できない場合には，次のような方法を試みることもある。

① **会議主催団体への直接交渉**　プレプリント，講演要旨等を入手するのに有効である。しかし，これらの資料は会議の参加者に配布された後，残部が少ないことが多いので確実性は少ない。また参加

者以外への配布を断られることもある。

② **ブランケット・オーダー**　特定の機関・グループ等が出版する資料を出版の都度すべて購入する注文である。学協会等から出版される会議資料をもれなく入手するのに便利であるが、一括ゆえに不要な資料や重複資料も入ってくるため、あまり一般的ではない。

(2) **会議資料のドキュメント・デリバリー**

一般に未所蔵資料のドキュメント・デリバリーは、まず各館種や地域のネットワークによる図書館間相互貸借で調達をめざすが、会議録に関しては困難な場合も多い。そうした際には会議資料を特に重点的に収集している図書館・情報機関のサービスを頼ることになる。

① **国立国会図書館**　『国立国会図書館所蔵科学技術関係欧文会議録目録』が刊行されており、所蔵が確認できる。

② **JICST**(科学技術振興事業団科学技術情報事業本部)　CD-ROM 版の『JICST 所蔵目録』で会議録の所蔵が確認できる。

③ **BLDSC**　"Index of Conference Proceedings"（年刊）が所蔵目録であるが、現在はBritish Library のWWW版 OPAC（http://opac97.bl.uk/）でも会議録ファイルを指定して検索できる。

電子図書館化の流れの中で、会議録論文等の一次情報を電子化して提供するサービスもある。例えば、国立情報学研究所の電子図書館サービス NACSIS-ELS の収録対象誌の中にも学会会議録がかなりある。学協会等による電子化提供もみられ、会議資料の入手困難性が大きく改善されていく期待がもてる。

参考文献

1. 西尾初紀, 大塚奈奈絵「会議録」『情報探索ガイドブック』勁草書房, 1995, p.143-164
2. 津田義臣, 渋沢瑛雄「会議録・会議資料の特性」『情報の科学と技術』48(6)：p.330-335, 1998
3. 坂口恵子「会議録の検索ツールと複写物の入手」『情報の科学と技術』48(6)：p.350-355, 1998

5.2 紀要

5.2.1 紀要の定義

大学や学術研究機関が研究成果を収録し, 定期または非定期に刊行する継続的な学術出版物を総称して「紀要」と呼ぶ。その数約4千タイトルを超え, 我が国で刊行される学術雑誌中, およそ69％を占めるといわれている。紀要を主に収集しているのは, 大学・短大・高専図書館や専門図書館が多いが, 多くの図書館では持て余しぎみの資料の一つでもある。その理由は, 紀要の出版上の特殊性にあるといって差し支えない。

5.2.2 紀要の輪郭

(1) 紀要の起源

我が国で最初に刊行された紀要は, 大森貝塚を発見したことで知られる東京帝国大学のお雇い外国人教師エドワード・モースの提唱により創刊されたといわれる『東京帝国大学紀要：Memoires of the Science Development, Tokio Daigaku, Japan』である。創

刊は，1879（明治12）年。東京帝国大学創立の3年目のことである。

創刊号には提唱者モースの大森貝塚の報告が掲載されているが，この当時，国内には動物学の専門雑誌がまだ存在していなかったため，モースの報告は我が国最初の動物学に関する学術論文ともいわれている。

> Memoires of the Science Development, Tokio Daigaku, Japan
> 1879年創刊。第1号（明治12年）～第9号（明治18年）まで刊行。
> 第1巻～第9巻までの完全所蔵は，千葉大と大阪府立中央図書館の2か所のみ。
> 東京動物学会　明治11年創立。学会誌は明治21年に創刊。

(2) 紀要の出版上の特殊性

一般に，紀要は「灰色文献」（グレイ・リテラチャー）と位置づけられている。灰色文献とは，通常の出版・流通の経路で扱われていない，あるいはその検索手段が整備されていないため，入手が困難な文献資料を指す。これにはテクニカル・レポート，会議資料，学位論文，官庁刊行物や紀要などが含まれる。正規の流通経路にある学術雑誌は研究成果が得られてから出版するまでに時間がかかることが多く，便利性に欠けるのが欠点であるが，灰色文献の多くは出版がイレギュラーになる分，速報性には優れている。しかし，その反面，学術雑誌のような正確性に欠けるため，学術刊行物としての信頼性は乏しい。

紀要は灰色文献の中でもイレギュラー性が強い。紀要の出版上の特徴は次のとおりである。

①大学または学術機関の特定の人だけを対象に論文を収録してい

る。

　②論文は学術雑誌のような評価基準（レフェリー）によらず，任意に収録されるため，論文の質的レベルが一定でない場合が多い。

　③一般の流通経路（書店）を通らず，寄贈・交換でしか入手できないものが多い。このため，紀要を刊行する大学や研究機関と日常的なコンタクトが乏しい公共図書館や専門図書館等では入手が困難になっている。

　④刊行部数が少ない。通常で数百部程度である。中には100部程度の極端に少ない紀要もある。

　⑤発行頻度が少ない。大方の紀要は年2～3回程度である。年刊ものも多い。

　⑥原稿募集や編集が片手間に行われていることが多く，結果的に不定期刊行が多くなる。

　⑦休刊や廃刊が突然起こる。また，誌名変更や分冊が予告なく行われる場合が多い。

　⑧執筆方法が著者に任され，書誌記述（脚注，参考・引用文献の書式等）があいまいなことが多い。

　⑨紀要に収録された文献を検索する手段が限られるため，一般の目にふれる機会が少ない。

　大学内での紀要の評価もさまざまである。一般に，成果を発表するための学術雑誌が豊富にある自然科学分野では紀要に論文を収載する研究者は少ない。また，刊行している大学・学部も少ない。しかし，人文・社会科学分野では学術雑誌そのものが少ないこともあって，紀要の需要は高くなっている。

(3) 紀要の刊行数

国立情報学研究所が提供する学術雑誌総合目録データベースで、キーワードに「紀要」と入れて検索すると、およそ2万タイトルほどの紀要がヒットするが、その大半はすでに刊行を終えているものが多く、継続して刊行中のものは4千タイトルをわずかに上回る程度といわれている。また、全国の大学・短大・高専等の紀要・学会誌の目次を収録している『文献ジャーナル』（富士短大出版部刊行）によると、平成10年度末で3,788タイトルの紀要が収録されている。

1年間に新たに創刊される紀要は誌名変更や分冊によるものを含め、およそ100〜200タイトルほどであると推定されている。

紀要を刊行する機関は人文・社会科学分野の大学や学部、あるいは研究所が多い。自然科学分野ではわずかに教養部とか一般教育課程の自然科学部門で刊行されているにすぎない。

(4) 紀要のタイトル

紀要のタイトルはさまざまである。

> 東京大学新聞研究所紀要
> 慶応義塾大学日吉紀要：社会科学
> 成城法学
> 聖心女子大学論叢
> 教育学研究年報
> 国際基督教大学学報，
> オイコノミカ　など

一つの組織体に所属する人たちの論文を収録することを目的とした紀要では、「○○大学紀要」、「○○大学○○学部紀要」といった

団体名を冠するのが一般的であるが,組織改編によるタイトル変更や分冊・合冊を繰り返す紀要も少なくない。多くの場合,編集委員会の存在があいまいであったり,その年に集まる論文のバランスが一定しないためである。

一方,紀要を刊行するために,学内に学会を設けたり,学部や研究所で刊行する紀要の場合は,刊行母体を表わす主題を表記したタイトルや一見して学術雑誌と見間違える固有名詞的タイトルをつける紀要も多く見られる。『経理知識』(明治大学経理研究所),『社会労働研究』(法政大学社会学部学会),『コミュニケーション研究』(上智大学コミュニケーション学会),『エウロープ』(成城大学),『経済分析』(経済企画庁経済研究所)などがそうである。

5.2.3 図書館における紀要の取扱い

紀要は図書館の現場では扱いにくい資料の一つである。その実態を示すものとして,私立大学図書館協会東地区部会逐次刊行物研究分科会が行ったアンケート結果が興味深い(調査館数:首都圏内の25大学25図書館)。

①受入基準
　あり　　　　　（0）
　担当者の口伝え（16）
　何もない　　　（8）
②受入決定者
　図書委員会　　（5）
　館員組織　　　（4）
　管理職　　　　（5）

受入担当者　　　（19）
③受入範囲
　　大学紀要のみ　　（5）
　　短大紀要も　　　（3）
　　大学院紀要も　　（4）
　　すべて　　　　　（13）
④積極的収集
　　寄贈依頼を行い積極的収集を実施　（0）
　　継続ものの創刊号の受入検討　　　（20）
　　従来から継続しているものを受入　（5）
⑤分担収集
　　行っている　　　（4）
　　行っていない　　（18）
　　近く予定　　　　（3）
⑥不要の紀要が送付されてきた時
　　そのまま廃棄　　　　（10）
　　発行元に連絡して廃棄（6）
　　その他　　　　　　　（9）
　　　検討中で積み上げ，保留の形で保存，受入手続きをせず排架
⑦排架方法
　　全号を排架　　　　（10）
　　最新号を排架　　　（5）
　　特定紀要のみ排架　（4）
　　全号を閉架書架に排架（4）
⑧利用者サービス
　　紀要の利用ガイドあり　（1）
　　雑誌ガイドに紀要を記述（3）
　　総合ガイドに紀要を記述（10）
　　展示やサインでPR　　（2）

なし　　　　　　　　　　　（10）
⑨コンテンツ・シート・サービス
　　あり　　　（2）
　　なし　　　（23）
⑩利用頻度
　　利用頻度は高い　　（6）
　　利用頻度は低い　　（15）
　　その他　　　　　　（4）
⑪利用頻度の高い利用者
　　教員　　　　（15）
　　大学院生　　（11）
　　学生　　　　（12）
⑫保存期間
　　原則として永久保存　　（18）
　　永久保存と期間保存　　（6）
⑬製本状況
　　製本している　（17）
　　製本していない（3）
　　今は製本中止　（3）
⑭受入紀要の廃棄の動向
　　成文化された規定に基づき廃棄　（2）
　　成文化規定はないが，廃棄済み　（7）
　　廃棄したいが出来ない　　　　　（11）
　　資産化したものは廃棄困難，廃棄手続きが難しい，教員の理解が得られない，廃棄の予定も，必要もない　（4）

　受入・排架・製本・保存・廃棄，どれをとっても図書館の日常ルーティン・ワークの中では切り離すことのできない業務であるが，紀要の受入と利用方法は図書館にとっては頭の痛い問題である。そ

の根底にある大きな問題は収蔵スペースの狭隘化と利用頻度のアンバランスである。学術雑誌のように，もっと頻繁な利用があれば，きちんと受入し，排架し，製本し，保存するのに，数が多い割には利用頻度の少ないことが，保存スペースの確保に困惑している様がよくみてとれる。また，全体的な利用がかんばしくない中で，特定の紀要を継続的に利用する教員のニーズを無視することができないことも，図書館の現場ではジレンマの一つとなっている。

5.2.4 紀要の二次資料

紀要に掲載されている論文や報文を文献検索するための抄録・索引資料，いわゆる二次資料はきわめて限られている。このことが，紀要の流通を阻害している理由でもある。代表的な二次資料をあげると，オンラインとCD-ROM検索では「学術雑誌目次速報データベース」，「雑誌記事索引」，冊子では『文献ジャーナル』の3誌がある。

① **学術雑誌目次速報データベース**　国立情報学研究所が提供するデータベース・サービスで，全国の大学・短大・高専等および学術研究機関の紀要類を収録している。平成10年9月現在，343機関，465組織の刊行する紀要から2,676タイトル，文献数にして225,357件が収録されている。文献は記事の標題，著者名，掲載紀要名，巻号，ページ等が収録されているが，キーワード検索はできない。また，データベースへの入力は参加図書館の分担入力方式が採用されている。

② **雑誌記事索引**　国立国会図書館に納本される学術雑誌や紀要

5. 雑誌以外の逐次刊行物

図5.6 雑誌記事索引 CD-ROM 版：一覧リスト

番号	論題名	著者名	雑誌名	刊行年月
1	大学紀要の電子出版	足立恭和;岩.	国際研究論叢(大.	1999/03
2	東京学芸大学紀要第49集(平成9年度)総索引		東京学芸大学紀要	1999/03
3	「長野大学紀要」第20巻総目次(1998.6～1999.3)		長野大学紀要	1999/03
4	大学紀要の電子出版と学術情報の発信(私立大学図書館協会第59回(平成10年	岩本博;足立.	私立大学図書館協	1999/02
5	酪農学園大学紀要 総目次1巻1号～23巻1号(1961年～1998年)		酪農学園大学紀要	1999/02
6	大阪教育大学紀要第2部門(社会科学・生活科学)第47巻(平成10年)総目次		大阪教育大学紀要	1999/01
7	大阪教育大学紀要 第3部門(自然科学・応用科学)第47巻総目次(1998)		大阪教育大学紀要	1999/01
8	大阪教育大学紀要 第4部門(教育科学)第47巻(1998年)総目次		大阪教育大学紀要	1999/01
9	第50集刊行に寄せて([都留文化大学紀要]第50集記念号)	久保木哲夫;.	都留文科大学研究	1999
10	[都留文化大学紀要]第50集記念号		都留文科大学紀要	1999
11	東京学芸大学紀要[第1～第6部門]第48集(平成8年度)総索引		東京学芸大学紀要	1998/03
12	長野大学紀要第19巻総目次1号～4号(1997年6月～1998年3月)		長野大学紀要(長.	1998/03
13	大阪教育大学紀要 第2部門 社会科学・生活科学第46巻(平成9年)総目次		大阪教育大学紀要	1998/02
14	酪農学園大学紀要 総目次第1巻第1号～第22巻第1号(1961年～1997年)		酪農学園大学紀要	1998/02
15	大阪教育大学紀要 第1部門(人文科学)46巻(1997年)総目次		大阪教育大学紀要	1998/01
16	大阪教育大学紀要 第3部門(自然科学・応用科学)第46集(平成9年)総目次		大阪教育大学紀要	1998/01
17	大阪教育大学紀要 第4部門(教育科学)第46巻(1997年)総目次		大阪教育大学紀要	1998/01
18	大阪教育大学紀要 第5部門 教科教育第46巻(平成9年)総目次		大阪教育大学紀要	1998/01
19	神奈川県立栄養短期大学紀要総目次1～30巻(1969～1998)		神奈川県立栄養短	1998

図5.7 雑誌記事索引 CD-ROM 版：詳細リスト

\# 1

```
論題名： 大学紀要の電子出版
著者名： 足立恭和;岩本博
雑誌名： 国際研究論叢(大阪国際大学‖編)
巻 号： 12(特別)     刊行年月日： 1999.3     頁： 111～128
ISSN ： 0915-3586       ISBN ：
```

類約5,500タイトルから1論文ごとに論題名，著者名，掲載雑誌名，巻号，ページ，年等が採録されている。索引は著者名索引，キーワード索引等がある。昭和23年に創刊され，平成7年まで，人文社会編と科学技術編が編集刊行されていた。現在は冊子体の刊行が中止され，CD-ROM版が日外アソシエーツから刊行される一方，国立情報学研究所等からデータベース・サービスされている。平成10年3月現在，1975年～1983年の論文数が90万件，1984年以降の採録論文数が176万件に達している（図表5.6, 5.7）。

③ **文献ジャーナル** 富士短期大学出版部から月刊で刊行中。紀要の各号の目次を大学名の五十音順に，そのまま掲載している。キーワード索引等はない。平成11年1月現在，3,788タイトルを収録中。

年末の12月号に収録している雑誌リストが掲載される。

5.2.5 紀要の電子化

紀要を刊行する母体が学術機関であることの強みを発揮して，紀要や学術雑誌を電子出版する動きが顕著になってきている。その発端はワープロやパソコンの普及である。紀要や学術雑誌への投稿論文の執筆には多くの研究者がワープロやパソコンを使用している。医学や自然科学の世界では，論文執筆専用の特殊なワープロソフトを指定している場合も少なくない。

第二の要因は印刷所の電子化である。フロッピーディスクで入稿された原稿は変換ソフトで自社のパソコンに取り込まれ，製版から刷版（さっぱん）の工程を経て印刷物になる。一昔前に手作業で行われていた植字や写植といった印刷技術は，一部の小規模印刷の世界では見られるものの，近代的な商業印刷を看板に掲げる印刷所ではすべての工程が電子化されている。最近では，パソコンに入力された原稿をそのままプリンターから印刷物にするオンデマンド印刷も普及してきている。

(1) 入力方法

紀要を何らかの電子媒体やネットワーク環境下で閲覧するためには，まず論文を電子化して入力する必要がある。入力方法は全文をテキスト形式で入力するDTP (Desk Top Publishing) 方式と，電子画像として入力する方法の2つの方法がある。

DTP方式は印刷工程の最終段階でできる刷版を元原稿に，プレーンテキストかSGML (Standard Generalized Markup Language）形式で入力する。プレーンテキストで入力されたデータは全文検索が可能になり，非常に便利である。ただ，できあがっている印刷物をテキスト化する場合には，活字を組みなおす必要があるため多額の経費がかかる。SGML形式で作成されたデータはそれをもとに印刷物を作成することも容易であるが，入力の際のタグ付けが面倒なことと，対応できる印刷所も限られる。

　一方，印刷された紀要ページを画像として取り込む方法は，全文検索ができないもののスキャナーを使えばユーザ・サイドで入力可能であり，手軽な電子化が可能である。入力された画像情報はGIF（Graphic Interchange Format），JPEG（Joint Photographic Expert Groupがまとめた規格），TIFF（Tagged Image File Format）やPDFと呼ばれるフォーマット形式で保存される。GIFはインターネットのホームページでも使われるが，256色しか出せないため出力画像はぼやける欠点がある。JPEGは写真のフルカラー画像に適し，デジタルカメラの静止画像はほとんどがこの方式で処理されている。TIFFは手軽に使える画像フォーマットの中では最高品質のもので，オリジナルと同質の画像情報を保持しているため，元の原稿に近い出力画像が得られるが，再現力が強すぎるため，高品質のディスプレイが求められる。さらに，PDFはパソコン上で簡単にファイルを圧縮（1/10〜1/40程度）でき，文字と写真が同時に収録された画像の再現力が素晴らしいため，急速に利用が拡大している。

(2) **閲覧方法**

　電子化された紀要情報は，CD-ROMやDVD-ROM等の電子媒

体に変換されるか，インターネットを利用したネットワークから提供される。CD-ROM版では論文相互と目次とをハイパーリンクで結ぶ方法が一般的である。

国内で最初にCD-ROM版を刊行した大阪国際大学紀要の場合，論文の各ページを画像解像度300DPIで取り込み，PDF形式で画像圧縮したため，1論文当たり（平均15ページ）のデータ量は1MB程度である。パソコンはWindowsおよびMacintoshを利用し，CPUの空きメモリー6MB以上で検索可能である。閲覧の際はCD-ROM版に添付されているPDF専用の読み出しソフトAcrobat Reader 3.0Jが使用される。

(3) **電子出版状況**

1998年現在，全国の大学の中で紀要を電子化して，何らかの手段で提供しているところは20大学ほどにすぎない。提供される媒体別に代表的な大学の例をいくつか示す。

インターネットで発信

  DTP-JPEG……山口東京理科大学（抄録のみ）
  DTP-PDF ……国際基督教大学（全文）
      東京家政学院筑波女子大学（全文）
      新潟産業大学（テクニカルペーパー）
  画像-TIFF……長岡技術科学大学（全文）
  画像-PDF ……九州大学農学部（全文）
      大阪国際大学（全文）
  HTML ……東京情報大学（一部の全文）
      美作女子大学（全文）

　　　　　　　　九州産業大学（抄録）

　　　　　　　　早稲田大学（一部の全文）

　　テキスト（目次）……31大学
CD-ROM 版で提供

　　　　画像–PDF……大阪国際大学（全文）

参考文献
1 ）長谷川豊祐「大学紀要の輪郭とその取り扱い」『現代の図書館』31(4)：p. 228-236, 1993
2 ）「大学図書館における紀要の現状について」『私立大学図書館協会東地区部会逐次刊行物研究分科会報告』54：p. 1-14, 1995
3 ）田中理恵「紀要の取り扱いについて：事例報告とアンケート」『私立大学図書館協会東地区部会逐次刊行物研究分科会報告』52：p. 43-52, 1993
4 ）足立恭和，岩本博「大学紀要の電子出版」『国際研究論叢（大阪国際大学紀要）』12（特別号）：p. 111-128, 1999
5 ）田村雅生，宮脇英俊「紀要の全文データ遡及入力法について：パソコンで行う媒体変換とデータベース構築」『大学図書館研究』53：p. 42-46, 1998
6 ）中野幸夫「発行済み紀要の電子閲覧システムの構築」『大学図書館研究』53：p. 47-53, 1998
7 ）松本功「紀要論文の電子化とインターネット：少部数学術出版の現状と将来展望」『人文学と情報処理』15：p. 75-80, 1997

5.3　年鑑・白書

白書は通例，その発行者から官庁刊行物として扱われるが，本書

では，刊行頻度による分類から本章で述べることとする。

5.3.1 年鑑・白書の定義

(1) **年鑑とは**

逐次刊行物を刊行頻度により類型化した場合の一種である。広義には，年1回刊行される年刊出版物までを指すことがあり，狭義には，5.3.2で述べる種類のうち，(1)から(4)を指すのが通例である。

(2) **白書とは**

白書とは，もともとイギリス政府の公式報告書のことを指し，その名称は，白表紙で刊行されたことに由来する[1]。我が国では，昭和38年10月24日「政府刊行物（白書類）の取扱いについて」という事務次官等会議申合わせが行われた。その中で白書は，「つぎに揚げる要件を備えたものをいう」と定義されている。

1. 中央官庁が編集する政府刊行物であること。
   - (イ) 官職を付した個人名で編著するものは含まない。
   - (ロ) 非売品であっても広く頒布するものは含むが，部内資料は含まない。
   - (ハ) 図書の形をとるものに限り，原則として月刊誌，パンフレット類は含まない。
2. 内容は，政治経済社会の実態及び政府の現状について国民に周知させることを主眼とするものであること。

したがって，法令制度等の解説書，単なる統計調査報告書，現業官庁における事業の紹介書等は含まない[2]。

図表5.8 『世界年鑑』の目次

オーストリア共和国	542	**第3部 各国元首・閣僚一覧**	
スイス連邦	544		
地中海 地図	546	各国元首・閣僚一覧	657
イタリア共和国	547		
バチカン市国	553	**第4部 世界の動き**	
スペイン	554		
ポルトガル共和国	557	国際経済	737
ギリシャ共和国	559	科学技術	744
北欧諸国 地図	561	軍事・軍縮	748
デンマーク王国	562	内外重要日誌	753
スウェーデン王国	563	20世紀重要史年表	761
ノルウェー王国	565	内外10大ニュース	767
フィンランド共和国	567		
アイスランド共和国	569	**第5部 主要文献**	
マルタ共和国	569		
モナコ公国	570	バーミンガム・サミット議長声明	
サンマリノ共和国	570		769
リヒテンシュタイン公国	570	バーミンガム・サミット共同宣言	
アンドラ公国	571		769
各国領土	571	インド・パキスタンの核実験実施	

5.3.2 年鑑の種類

(1) 総合年鑑

長澤雅男著『情報源としてのレファレンス・ブックス』によれば,総合年鑑とは「政治,経済,社会,文化,科学など,あらゆる分野にわたる事項について,通常1年間の推移を中心に,統計的数値,写真,図,表などを用いて解説している年刊の出版物である」[3] とされている。一般年鑑とも呼ばれる。『朝日年鑑』や『時事年鑑』など,新聞社や通信社が発行するものが主である(図表5.8)。

(2) 地域年鑑

ある特定の国や地域における政治・経済・社会などを統計を含め収録したものであり,『大阪府統計年鑑』などが具体例としてあげ

られる。公共図書館においては地域資料の中心的な資料となるため，自館の所在地域の年鑑は，必ず備えておく必要のある資料といえる。

(3) 専門（主題）年鑑

特定の分野における1年間の動向や各種統計などを収録したものであるが，『繊維年鑑』のように特定の製品や素材・原料を主題とするものもある。図書館員にとって馴染みの深い，『図書館年鑑』や『出版年鑑』が，これに該当する。専門年鑑は，本編もさることながら，付録として収録される統計，名簿，資料（書誌）一覧などが，レファレンスなどで大変役に立つ。大学図書館や専門図書館においても，基本的な資料として扱われることが多い。

(4) 統計年鑑

特定の年（度）における各種統計を収録したものであり，『日本統計年鑑』などが該当する。統計年鑑においても，扱う主題や地域を限定したものがあるが，そのような統計年鑑は，専門年鑑や地域年鑑と組み合わせて利用されることによって，その価値が高められる。このほか，『国際連合世界統計年鑑』など，海外で編集される総合的な統計年鑑を邦訳したものは，統計年と発行年の間に数年のタイムラグが生じるものも少なくないので，利用にあたっては注意が必要である。

統計年鑑は，造本上，図書と変わらないものが少なくない。よって実務においては，刊行形式による逐次刊行物としてよりも，その形態から参考図書の中で統計資料として扱われることが多い。

(5) 年報

ある団体や機関が，特定の年や年度における自らの活動や業績，

図表5.9 要覧の例（東京都立図書館）

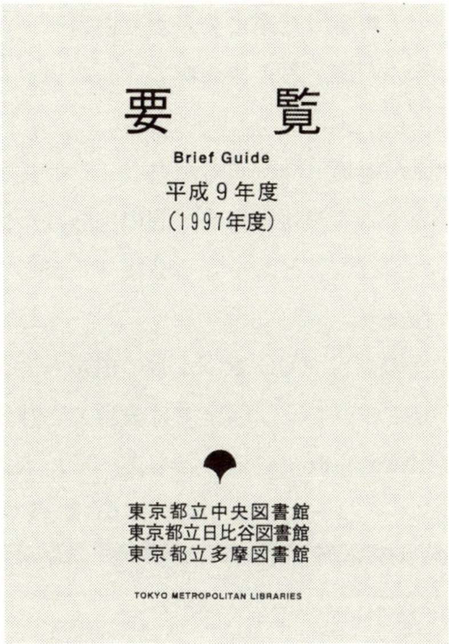

> 要　覧
> Brief Guide
> 平成9年度
> (1997年度)
>
> 東京都立中央図書館
> 東京都立日比谷図書館
> 東京都立多摩図書館
> TOKYO METROPOLITAN LIBRARIES

あるいは関連する統計などの各種データを年次業務報告書としてまとめたものである。このような資料は，専門年鑑とともに，特定の業界や主題についてのレファレンスにおいて重要なものとなる。

　海外では，年鑑も年報もまとめて"yearbook"として扱われることがあり，国内では"要覧"といった名称を用いるものもある（図表5.9）。

(6)　**白書**

　白書の定義については，先に述べたとおりである。白書の種類としては，

①法律に基づいて国会に提出した報告書をそのまま刊行する白書
②閣議に報告し了解を得た後に公表する白書
③上記①②以外の白書,および通称で「…白書」と呼ばれているもの
④地方公共団体が編集・発行する白書
⑤ある事柄に関する実態報告書を民間の出版社が白書と銘打って刊行するもの(日本こどもを守る会編『こども白書』など)

などが,あげられよう。

近年では,英文の白書やCD-ROM版の白書も発行されている。特にCD-ROM版においては,活字では表現できない情報も提供されており,価格が抑えられていることもあって,人気が高まってき

図表5.10 インターネット上で閲覧できる白書一覧の画面

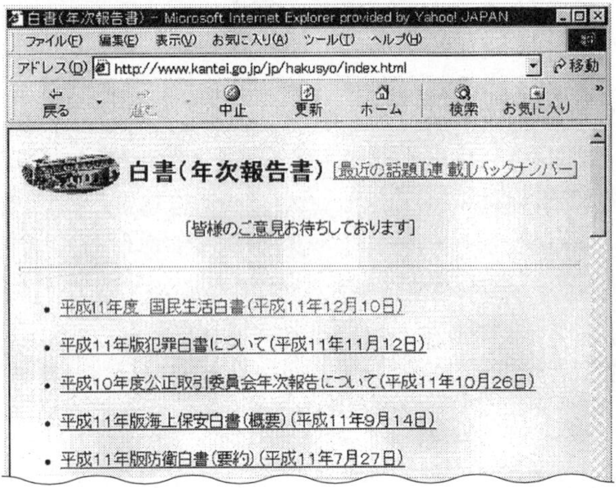

(首相官邸のホームページより)

ている。今後は，これらの資料の収集にも留意する必要がある。

また，インターネット上で閲覧できる白書が増えてきている（図表5.10）。これらネットワーク上の電子情報についても，その現状や動向を把握しておき，必要に応じて案内（あるいは提供）できるよう努めたい。

(7) その他

① 百科事典年鑑

百科事典の編纂には膨大な労力が必要とされるにもかかわらず，刊行された後も次々と収録すべき新しい情報が発生する。そのため，補遺として使える年鑑を発行することによって，それらの情報をフォローする必要が生じる。これが百科事典年鑑と呼ばれるものである。

例：『ブリタニカ国際年鑑』TBSブリタニカ　1975-

近年にみられる百科事典のCD-ROM化においては，この役割をインターネットが担うようになってきている。例えば，Microsoft社の『ENCARTA百科事典』には"マンスリー・アップデート機能"があり，収録内容を最新の状態に保てるようになっている。

② 毎年改訂される参考図書

名鑑・名簿，要覧の類は，人事異動や会計年度から年1回改訂・刊行されるものが多い。これらの資料は，狭義では年鑑とはいえないが，名称に『…年鑑』としているものも少なくないことから，年鑑に含められることがある。

また，毎年改訂される用語集で，その年(度)に多用された用語や流行語，1年間のできごと，ヒット商品，物故者などを収録したも

図表5.11 『時事ニュースワード 1999-2000』目次

中高一貫教育 257	朝鮮大生、京大大学院に 264
校長に民間人を登用 258	表外漢字の字体表試案 265
高校生にインターンシップを 259	心の教育 266
不登校児、10万人突破 260	学習指導要領を全面改訂 267
20人に1人が援助交際 261	依然厳しい教科書検定 268
大学卒業、3年で可能に 262	【基本用語】....................................269
飛び入学で17歳の大学生 263	

スポーツ

News File '98-'99 278	中田、セリエAに移籍 288
長野冬季五輪 280	サッカーくじ法が成立 289
ワールドカップ(W杯)フランス大会...281	横浜、38年ぶりの日本一 290
バンコク・アジア競技大会 282	横浜高校が甲子園春夏連覇 291

のが，その年の事象を反映する内容となり，結果的に年鑑のような性質をもつ資料となるケースもある。『現代用語の基礎知識』や『DATA PAL』などがこれに該当する。図は『時事ニュースワード 1999-2000』の目次の一部である（図表5.11）。

いずれにせよ，これらの資料は，厳密には年鑑といえないことを認識しておく必要がある。

5.3.3 図書館での取扱い

(1) 収集

選定のためのツールとしては，次の資料があげられる。

a. **日本年鑑総覧　書誌研究会編　日本図書センター　1987**

1757（宝暦7）年から1987年6月末までに，日本および外地・外国において，日本語で記述された「年鑑」または「アニュアル」と題される刊行物1,253タイトルを収録。巻末に分類別書

図表5.12 『年鑑・白書全情報 45/89』

0. 総 記

総合研究室編　ぎょうせい　1988.3　259p
26cm　2000円　(i)4-324-01239-3　Ⓝ007.3
◇情報処理サービス業の実態調査　経営者の直面
する問題　日本情報処理開発センター情報サー
ビス業調査委員著　日本情報処理開発センター
1971　87p　26cm　(45-R009)　Ⓝ335.92

図書館

年 鑑

◇学校図書館年鑑　1956-57年版　全国学校図書
館協議会編　大日本図書株式会社　1956-57
2冊　22cm　Ⓝ017
◇図書館年鑑　1952　中井正一,岡田温共編　浦
和　図書館資料社　1951　275p　19cm
Ⓝ010.59
◇図書館年鑑　[1982〜]1989　日本図書館協会図
書館年鑑編集委員会編　日本図書館協会　1989

名索引がある。

b. 年鑑・白書全情報　45/89　日外アソシエーツ　1991

　1945年から1989年に国内で刊行された年鑑・白書等，逐次刊行物形式の参考図書を収録。巻末には書名索引のほか，事項名索引がある。

　これらの書誌のほか，年鑑や白書には参考図書となるものが多いことから，『情報源としてのレファレンス・ブックス』などのレファレンス・ツールの解題書を参考に選定する方法も考えられる。

　統計年鑑は，従来，官公庁や国際機関から刊行されるものが中心であったが，近年では民間企業によるものも少なくない。ただし，

これら民間の企業や団体が刊行するものには、官公庁が発表した統計を加工・編集しただけのものも見うけられる。編集・加工のされ方によっては、利用しやすいデータとなるものも多いので、資料収集の際には、これらをよく比較検討することによって、自館にとって有用であるものを選定する必要がある。

(2) 提供

通例、年鑑・白書は、参考資料（レファレンス・ブック）として別置され、貸出しを禁じられている。ただし、市町村立図書館等では、最新号は貸出不可、貸出期間を一般図書よりも短くする、などの制約を設けた上で貸出する館が少なくない。特に、白書の提供については、他の年鑑類に比べて通読の必要性が高いことを考慮する必要がある。『白書の白書』や『白書のあらまし』などを貸出用に提供するのも一つの方法であろう。

年鑑や白書に収録される統計等が、レファレンスの際に有用であることは先述したとおりだが、これらのデータを横断的に調べることができるものとして、次のようなものもある。

年鑑白書収載図表統計索引　1997　日外アソシエーツ　1998

以後、年刊となるかどうか、1997年版では不明とされている。

また、国内／海外を問わず、統計データは、ますます必要とされているが、提供に際しては、その出典や調査方法、指摘されている特徴や"クセ"についても注意が必要である。ここでは、アメリカの経済指標の特徴[4]についてあげておく。

1. 統計収集活動の責任が、中央集中化されていない
2. 速報性が重視されるとともに、改訂も頻繁なこと

5. 雑誌以外の逐次刊行物　*147*

図表5.13　『年鑑白書収載図表統計索引 1997』

DVD

DBGET検索システム
《データベース白書》 1997
◇DBGET検索システム：p153　図5-3-2

DBS
《情報メディア白書》 1997年版
◇DBSサービス一覧：p199　図表II-1-4
◇DBS加入世帯数推移：p199　図表II-1-5

DNA鑑定
《警察白書》 平成9年版
◇DNA型鑑定技術の推移：p174　表4-7

DOTS
《厚生白書》 平成9年版

---

3. 季節調整を施した系列が多く，季節調整計算が数年に遡って全面改訂されること
4. 年率換算が多いこと

(3) 保存

　年鑑・白書は，それぞれが対象とする年（度）で独立した内容として完結しているものの，実際には統計年鑑など，ある事項について遡って調査するような利用が多い。よって，このような資料はなるべく継続して保存するのが望ましいが，資料の収容スペースの制約から，数年間しか保存できないところも少なくない。

　また，年鑑・白書は発行間隔が長いことから，雑誌や新聞と違って，最新号が受入されれば前号は書庫へ移されるのが通例であり，小規模な公共図書館の中には廃棄する館も少なくない。ただし，統

計年鑑については,遡及的な利用と自館の収容能力(収容スペース)を考慮した保存年限を設定する必要がある。

引用文献・注

1) 木野主計ほか編『資料特論』(新現代図書館学講座 14)東京書籍, 1998, p.84 など
2) 黒木務『政府刊行物概説』帝国地方行政学会, 1971, p.163-165
   大蔵省印刷局編『白書の話』大蔵省印刷局, 1998, p.4-5
3) 長澤雅男著『情報源としてのレファレンス・ブックス』日本図書館協会, 1989, p.99
4) 1については,アリス・M. レイジ著 石井弘幸訳「情報源としての政府刊行物(アメリカ)」『びぶろす』30(12):p.6, 1979
   2〜4については,長富祐一郎監修『どう読む経済指標』財経詳報社, 四訂版, 1992

5.4 新聞

5.4.1 新聞の定義と種類

(1) 新聞とは

『図書館用語集』(日本図書館協会,改訂版,1997)によれば,新聞とは「逐次刊行物のうち,多くは日刊から週刊程度の頻度で,(旬刊,月刊等の場合もある)定期的に刊行され,速報・報道を主目的に編集されているもの」をいう。

実務上,雑誌と区分するには,次の点に留意すればよい。
[発行頻度]
・日刊や週刊のものを目安とする

[内容]
- 短い周期でかつ定期的に発行されるため、速報性をもつ
- 時事性に富む
    一般紙であれば政治・経済など社会全般について、専門紙であれば、ある特定の分野における動向を中心とした紙面である
- 署名記事が少ない

[形態]
- 表紙にも記事をもち、本文と表紙が同一紙質である
- 綴じられていない
- 判型がＢ４あるいはタブロイド判以上の大きさ

これらのうち、発行頻度と判型については、あらかじめ自館における明確な基準を定めておくとよいだろう[1]。

(2) 新聞の種類

新聞の種類を考えるとき、さまざまな要素による分類ができ、その組合わせで各紙の性質をとらえることができる。日本新聞協会による分類[2]をもとに、日本国内で発行される新聞の種類について記す。

[配布エリアによる分類]
- 全国紙　　　　配布エリアが全国規模の新聞
- 地方紙

  ブロック紙　　数県にまたがる地域を配布エリアとする新聞

  県紙　　　　　配布エリアが各都道府県を中心とする新聞

  地域紙　　　　県紙よりも狭い地域を配布エリアとする新聞

[紙面内容による分類]

- 一般紙　　　　国内外のできごとを幅広く報道する新聞
- 専門紙・業界紙　特定の分野や業界のできごとを報道する新聞
　　　　　　　　政党，宗教団体等の発行するものは，ここに含まれる
- スポーツ・レジャー紙　スポーツ，芸能，娯楽やレジャーなどの記事を主体とする新聞
- 外国語紙　　　日本国内に本社を置く新聞社により外国語で発行される新聞
- タウン紙　　　配布地域に密着した情報を中心とした新聞
　　　　　　　　契約しなくとも無料で宅配されるのが特徴

[発行形態による分類]
- セット紙　　　朝夕刊がセットで発行されている新聞
- 統合版　　　　セット紙を統合し，編集し直して発行されている新聞
- 朝刊紙　　　　朝刊のみ発行される新聞
- 夕刊紙　　　　夕刊のみ発行される新聞
- 衛星版　　　　通信衛星を用いて，海外へ紙面データを送信し，現地で印刷・発行されるもの

[発行頻度による分類]
- 日刊紙　　　　毎日発行される新聞（平日だけ発行される新聞も含む）
- 週刊紙　　　　週1回発行される新聞

(3) **号外について**

　号外とは，国民的関心がきわめて高く，衝撃度の大きいニュース

が発生したとき，臨時に発行されるものである。厳密には，表裏2ページのものを"号外！"と叫びながら街頭で無料配布する「号外」と，表のみの1ページものを主要駅の壁や柱に貼り付ける「貼り出し」がある[3]。このように号外は，社会的に重要なできごとが第一報として，どのように国民に伝えられたかを記録した重要な資料といえる。

号外は，その発行形態から，本紙・縮刷版いずれにも収録されない。号外を含めた収集・保存は，該当本社発行のマイクロフィルム版によってのみ，可能となる[4]。しかし，近年に見られる紙面のCD-ROM化にともない，号外についても状況は変わりつつある。現時点では，朝日新聞社から次のようなCD-ROMが出されているが，他の新聞社から同様のもの，あるいは電子縮刷版などに収録・提供されるのは時間の問題であろう。

朝日新聞　号外　1879～1998

　　120年間に朝日新聞社が発行した号外のうち，約5,000紙面を画像データとして収録。キーワード，年月日，主題による検索が可能。

(4) 海外の新聞について

国内紙と比較した場合，次のような特徴がある。

・戸別宅配制度が日本ほど発達していない

　　ただし，アメリカでも宅配制度が導入されはじめており，『Wall Street Journal』や『New York Times』は，発行部数の過半数が宅配によるものだといわれている[5]。

・セット紙（朝夕刊が1セットで発行されるもの）が少ない

「欧米では有力紙はすべて朝刊紙であり、夕刊紙は夕刊紙として別のタイトルを持ち、またその多くが別の新聞社から発行されている」[6] という状況である。

・大衆紙と高級紙が明確に分かれていることが多い

「例えばイギリスでは、政治問題や社会問題を中心とした高級新聞を読む少数の人々と、センセーショナルな見出しを頼りにわかりやすい言葉で書かれた娯楽中心の読みものを求める人々の明確な区別」[7] がなされている。

・イギリスなど一部の国を除くと、海外において全国紙に相当するものは少ない。アメリカでも「全国に流通しているのは、Wall Street Journal や USA Today ぐらいである」[8] といわれている。

5.4.2 新聞の収集

(1) 選択・収集

収集する新聞の選択にあたっては、館の収集方針に基づき、館の運営方針やサービス対象に考慮する必要がある。五大紙では、報道姿勢や社説の論調が二極化している状況に留意する[9]。よって、購入できるタイトル数が限られている場合は、スポーツ新聞も含めて発行が同一系列の新聞社とならないようにするのも一つの方法である（図表5.14）。特に、政党・政治団体や宗教団体が発行するものを収集する際は複数紙を取り揃え、思想・信教上の偏りがないよう注意する必要がある。

選択のためのツールとしては、次のものがあげられる。

5. 雑誌以外の逐次刊行物　153

図表5.14　新聞社の系列

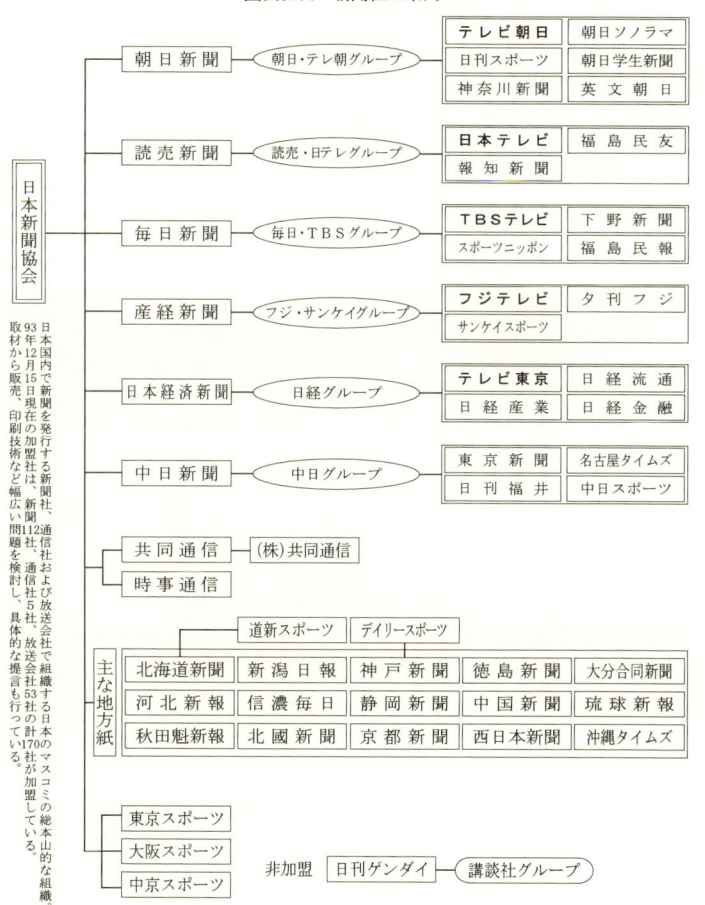

```
                    ┌─ 朝日新聞 ─── 朝日・テレ朝グループ ┬─ テレビ朝日 ─ 朝日ソノラマ
                    │                                    ├─ 日刊スポーツ ─ 朝日学生新聞
                    │                                    └─ 神奈川新聞 ── 英文朝日
                    │
                    ├─ 読売新聞 ─── 読売・日テレグループ ┬─ 日本テレビ ── 福島民友
                    │                                    └─ 報知新聞
                    │
                    ├─ 毎日新聞 ─── 毎日・TBSグループ  ┬─ TBSテレビ ── 下野新聞
                    │                                    └─ スポーツニッポン ─ 福島民報
 日本新聞協会 ──────┤
                    ├─ 産経新聞 ─── フジ・サンケイグループ ┬─ フジテレビ ── 夕刊フジ
                    │                                      └─ サンケイスポーツ
                    │
                    ├─ 日本経済新聞 ─ 日経グループ      ┬─ テレビ東京 ── 日経流通
                    │                                    ├─ 日経産業 ─── 日経金融
                    │
                    ├─ 中日新聞 ─── 中日グループ       ┬─ 東京新聞 ─── 名古屋タイムズ
                    │                                    └─ 日刊福井 ─── 中日スポーツ
                    │
                    ├─ 共同通信 ─── (株)共同通信
                    ├─ 時事通信
                    │
                    │         ┌─ 道新スポーツ ─ デイリースポーツ ─┐
                    │  主な   ├─ 北海道新聞 ─ 新潟日報 ─ 神戸新聞 ─ 徳島新聞 ─ 大分合同新聞
                    ├─ 地方 ─┤── 河北新報 ── 信濃毎日 ─ 静岡新聞 ─ 中国新聞 ─ 琉球新報
                    │  紙    └─ 秋田魁新報 ─ 北國新聞 ─ 京都新聞 ─ 西日本新聞 ─ 沖縄タイムズ
                    │
                    ├─ 東京スポーツ
                    ├─ 大阪スポーツ             非加盟 ─ 日刊ゲンダイ ─ 講談社グループ
                    └─ 中京スポーツ
```

日本国内で新聞を発行する新聞社、通信社および放送会社で組織する日本のマスコミの総本山的な組織。93年12月15日現在の加盟社は、新聞社112社、通信社5社、放送会社53社の計170社が加盟している。取材から販売、印刷技術など幅広い問題を検討し、具体的な提言も行っている。

（プレスネットワーク94編『新聞のウラもオモテもわかる本』1994 巻頭より）

a. **雑誌新聞総かたろぐ** メディア・リサーチ・センター
b. **日本新聞年鑑** ㈳日本新聞協会編　電通
c. **全国新聞ガイド** 日本新聞協会広告委員会　㈳日本新聞協会
d. **専門新聞要覧** 日本専門新聞協会
e. **日本新聞雑誌便覧** 日本新聞雑誌調査会

また，これらの書誌以外でも，戸田寛編著『活用自在　日本の新聞データブック』（こう書房，1998）など，一般書の体裁でありながら実務上，書誌として役立つものも少なくない。

外国語新聞の選定にあたっては，次の資料が不可欠である。

世界の新聞ガイド　むすびめの会　日本図書館協会　1995

　　日本国内の外国人登録人数が一定数を越えた国を対象とし，その国の代表的な新聞および新聞概況を解説するとともに，入手のための情報を記載している。また，巻末に在日外国人向けの新聞・雑誌の一覧が入手方法とともに記されている。

購入にあたっては，通例，地元販売店との契約による宅配，あるいは取次業者や発行社と契約し郵送してもらう方法をとる。宅配の場合は，販売店の所在地により同一本社，同一地域版でも，版次が異なる場合があるので，注意を要する〔5.4.4参照〕。

また，海外の新聞の中には，もともと縮刷版を発行していないものもある[10]ので，収集タイトルを選定する際には保存方法についても考慮しておくべきであろう。

(2) **受入**

先に述べたように，速報性は，新聞の特徴の一つである。特に日刊紙については，保存用でない限りすぐに閲覧に供するべきである。

そのため，受入処理は未着タイトルのチェックにとどめ，館印を押す程度とされるのが通例である。

また，未着タイトルや欠号が見つかれば，速やかに納入を督促しなければならない。このため，新聞の受入にあたっては，少なくとも未着チェックリストを作成しておく必要がある。これは，日々受入れる新聞のタイトルおよびその販売所の連絡先とチェック欄だけを印刷したものである。これをもとに配達された新聞のタイトルをチェックしておき，現物のないものは直ちに販売所へ連絡するのである。また，郵送されるものや日刊以外のタイトルについては，受入日と発行日がずれるものもあるので，別途，タイトルごとに受入カードのようなものを他の逐次刊行物同様に用意する必要がある。いずれにせよ，日刊紙の場合，発行日から数日たてば入手は不可能と考えるべきである。配達時の悪天候による汚損などがあった場合も，同様に対応しなければならない。

外国の新聞を郵送で受入している場合，タイムラグはもちろん，到着が不定期となるおそれもあるので，欠号チェックや汚損時の対応など，受入処理については十分な注意と素早い対応が必要である。

5.4.3 提供

新聞は，そのままで閲覧に供されると，その形態から製本が難しくなる。原紙を長期保存するのであれば，1タイトルごとに閲覧用と保存用の2部受入する必要があるだろう。

新聞を閲覧に供する方法は，大きく分けて次の3つが考えられる。

①送付（配達／郵送）されてきた状態のまま，あるいはそれに近

156

図表5.15 新聞差し

（キハラ㈱カタログより）

図表5.16 新聞用サスペンダーおよび新聞架

（丸善㈱および㈱伊藤カタログより）

図表5.17 新聞バインダーおよび新聞架

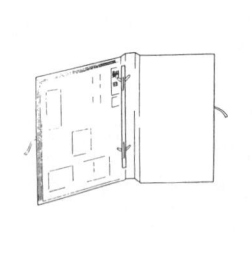

（『資料組織化便覧』p.142 図6-7 およびキハラ㈱カタログより）

5. 雑誌以外の逐次刊行物　*157*

い状態で新聞差し（図表5.15）などに納める

②新聞用サスペンダー（図表5.16）等で綴じ，新聞架に立てる

③新聞バインダー（図表5.17）に綴じ，新聞架に納める

①は，ホッチキスで止めて紙面が散逸しないようにすることが多い。手間がかからない反面，傷みは激しく，紛失しやすい。長期保存を考えない場合に適している。

②は，サスペンダーにもよるが，数日分まとめておくことができて取り出しやすいのが特徴である。また，サスペンダーにタイトルを貼付・書込みすることで，同一新聞架での整理も手間がかからない。ただし，サスペンダーに沿って破れることが多く，一面と最終面が破損しやすいことが短所としてあげられる。

③は，①②に比べて破損しにくくなる一方，取り出しにくいなど取扱いが不便となりがちである。五大紙であれば，1冊あたり半月の分量を目安としたい。数カ月分以上を閲覧に供するには，この方法が最適である。

いずれにせよ，これらの図書館用品の購入にあたっては，自館の閲覧室面積と利用実態（予想），タイトル数，および閲覧に供する新聞の保存期間などを考慮して決定すべきである。

5.4.4 保存

図書館においては，図書における版の違いには厳密である一方，新聞における版の違いには無頓着といってよいほどないがしろにされているようである。よって，本項ではまず新聞の版について述べることとする。

(1) 新聞の版と保存媒体

　五大紙などの全国を配布対象とする一般紙では，国内数か所に発行本社をおき，主要都道府県に印刷拠点をおいている。この場合，各発行本社によって，注目度の高い一面や社会面などの紙面が異なる（図表5.18）。また，同一発行本社内でも県ごと，あるいは地域ごとに，地方版や地域版と呼ばれる版に分かれ[11]，社会面の一部や地域面が配達される地域に合わせた内容となっている（図表5.19）。その上，配達エリアによっては（つまり，印刷拠点からの輸送時間によって），同一本社発行の同一地方版であっても版次の違いにより紙面が異なっている[12]。

　新聞社によっては，縮刷版やマイクロフィルム版，CD-ROM版でも東京本社以外の発行する紙面を収録対象にしているものもあるが，該当本社（支社）が扱うすべての地方面が収録されているわけではない。多くの公共図書館においては，縮刷版やマイクロフィルム版を購入して保存用とし，それらに収録されない地方面については切り抜きで対処するという保存方法がとられている感がある。しかし，地方面全部を切り抜きしたとしても，第一面や社会面の一部で当該地方に関する情報が抜け落ちてしまうことは，認識しておく必要がある。その一方で，原紙保存さえすればすべてが解決するわけでもない。原紙保存には，膨大な収納スペースが必要となるなどの後述するようなデメリットがあるほか，縮刷版と同様に号外が収録されないという欠点もある。

　このように，たとえ一紙であれ，新聞を"完全な形"で保存することは，不可能といってよい。しかし，これは新聞が流動的である

5. 雑誌以外の逐次刊行物　159

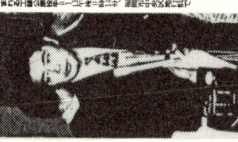

図表5.18　発行本社による紙面の違い

a. 東京本社発行のもの

b. 大阪本社発行のもの

（ともに平成11年11月1日の朝日新聞夕刊4版第1面。なお、aは縮刷版）

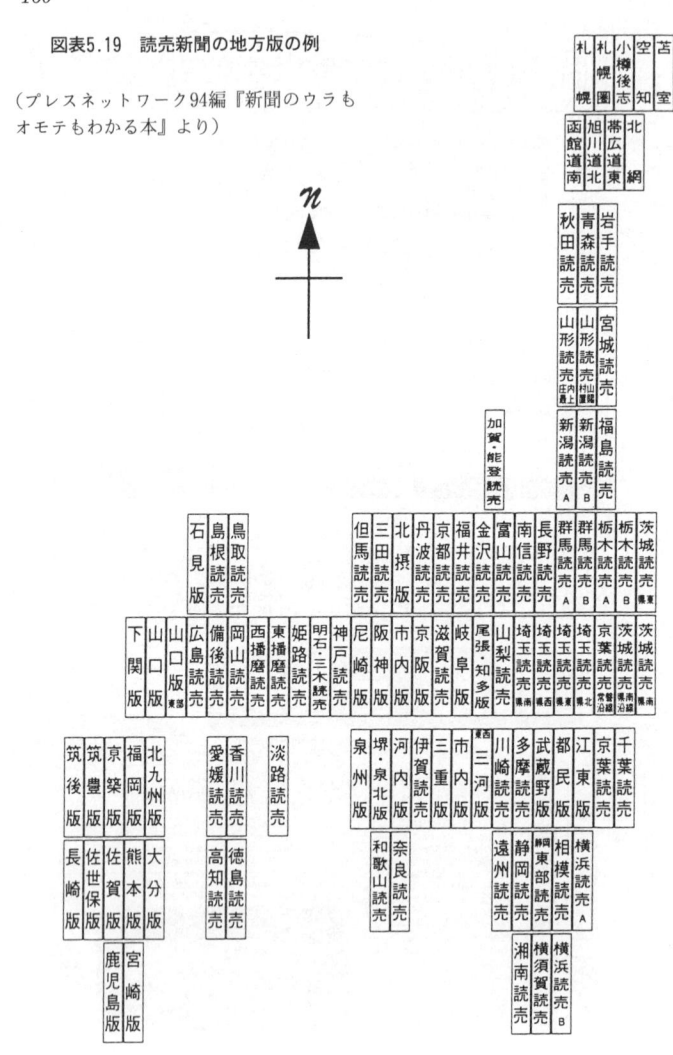

図表5.19　読売新聞の地方版の例

（プレスネットワーク94編『新聞のウラもオモテもわかる本』より）

N

北海道：苫小牧、空知、後志、小樽、札幌、札幌圏、函館道南、旭川道北、帯広、北見道東

東北：岩手読売、青森読売、秋田読売、宮城読売、山形読売（庄内・村山）、福島読売、新潟読売A、新潟読売B

関東・甲信越：加賀・能登読売、長野読売、南信読売、富山読売、金沢読売、福井読売、京都版、丹波読売、三田摂版、但馬読売、群馬読売A、群馬読売B、栃木読売A、栃木読売B、茨城読売（県西）、岐阜版、山梨読売、埼玉読売（県西）、埼玉読売、埼玉読売（県北）、茨城読売（常総・県央）、茨城読売（県南）

近畿・中国：石見版、鳥取読売、島根読売、下関版、山口版（東部）、広島読売、備後読売、岡山読売、西播磨読売、東播磨読売、姫路読売、明石・三木読売、神戸読売、尼崎版、大阪市内版、滋賀読売、尾張・知多版、堺・泉北版、泉州版、河内版、伊賀版、三重版、市内版、西三河版、川崎版、多摩版、武蔵野版、都民版、江東版、京葉読売、千葉読売

九州・四国：北九州版、福岡版、京築版、筑豊版、筑後版、佐賀版、熊本版、大分版、愛媛読売、香川読売、徳島読売、高知読売、淡路読売、奈良版、和歌山読売、遠州読売、静岡読売、伊豆東部読売、相模読売、横浜読売A、横浜読売B、横須賀読売、湘南読売、長崎版、佐世保版、鹿児島版、宮崎版

時事に関する最新の情報を紙で伝達しようと努めた結果といえよう。つまり、新聞は紙という媒体（メディア）の限界域で機能しているものなのである[13]。よって、新聞資料の保存媒体を決定する際は、媒体によって、収録される情報や図書館資料としての扱いの違いがあることを十分に認識し理解した上で、どのような形で保存するのが自館にとって適切かを検討しなければならない。

(2) 原紙保存

新聞原紙は、長期保存をするのが難しいとされている。その理由として、次の点があげられる。

①新聞が破損しやすい形態や劣化しやすい紙質であること
②新聞は日刊のものが多く、収納には膨大なスペースが必要となる
③判型の大きいものが多く、排架にあたっては工夫が必要である

新聞原紙は、日光に長時間あたることのないようにしなければならないのは当然として、保管場所の湿度や温度の管理についても、配慮されなくてはならない。製本後の新聞を排架する場合、判型や重さを考慮すると、横置きすべきである。書庫で保存する場合、背板をはずしたスチール書架であれば、一般の図書用のものであっても棚板を書架の表裏で同じ高さにそろえて、段数を増やせば対応できる（図表5.20）。また、集密書架であっても、奥行さえ支障がなければ、そのまま排架できよう。棚板の耐久性が不安であれば、新聞収納用の棚板を用いるとよい（図表5.21）。

なお、製本については、五大紙であれば1か月を上下旬の2分冊に、そのほかの日刊紙については、1か月で1冊を基本とすればよ

162

図表5.20 一般的なスチール書架を調整した状態

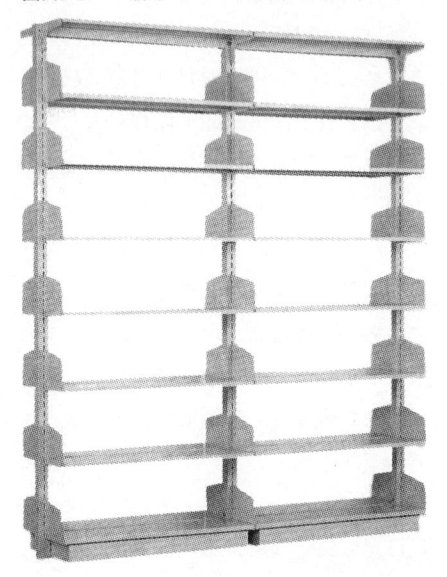

図表5.21 新聞収納棚板を用いた集密書架の例

(図表5.20, 5.21：キハラ㈱カタログより)

5. 雑誌以外の逐次刊行物　*163*

い。

(3) 縮刷版

縮刷版とは，本紙の紙面を縮小したものを通例1か月分収録し，索引または目次を付して刊行される逐次刊行物の一種である。全国紙であれば，東京本社発行の最終版が収録される。本紙保存に比べて収納スペースが少なくて済むこと，索引または目次があって記事の検索に便利なこと，マイクロフィルム版やCD-ROM版のように閲覧のための機器を必要としないといった特徴があり，新聞の保存用として扱われることが多い。しかし，縮刷版のみによる新聞の保存には，①地方版が収録されていないことや，②「縮刷直し」と呼ばれる修正[14]や削除がなされることがあった，という2点を認識しておく必要がある。①については先述したので，ここでは②について述べる。

新聞は発行後に誤植などの誤りが判明した場合，後日訂正記事を出す。ところが，縮刷版作成の際に誤りを修正した上で後日出していた訂正記事が削除されたり，訂正記事の削除によって生じた空白を埋めるべく訂正記事のあった周辺の記事までも修正されることがあった[15]。また，社説など意見表明に関する部分が無断で"変造"されて問題となったこともある[16]。このほか，誤報や虚報であることが判明した記事が，縮刷版作成の際に削除されたこともあったが（図表5.22），このような削除は，政党の機関紙においてもなされることがあったようだ[17]。

こうした「縮刷直し」や削除などが行われると，記録性を求められる縮刷版の機能に支障が生じてしまう[18]。また，元の記事がど

図表5.22 縮刷版作成の際に記事が削除された例

（お断り）

ここに掲載された伊藤律氏との会見記は事実無根と判明したので全文を削除しました。

（『朝日新聞縮刷版』 昭和25年9月より）

のようなものであったかを調べようにも，縮刷版のみを保存している状態では確認する手だてがなくなってしまうこととなる。現在，「縮刷直し」は行われていないといわれているが[19]，レファレンスなどにおける遡及的利用や新聞の保存方法を検討する際には，縮刷版作成の際に縮小される元の紙面は修正されうるものであることに留意しなければならないだろう。

(4) マイクロフィルム

マイクロフィルムの寿命は，黒白フィルムで700年～900年，カラーフィルムで150年～250年といわれている[20]。また，保存年限が推測の域を出ない光ディスクと違って，すでに長期にわたって保存・提供されている実績があるため，長期保存における信頼性が高い。また，複写が容易であることやコンパクトである一方で，再生機器が必要となることなども特徴としてあげられる[21]。

前項では，縮刷版が修正された紙面をもとに作成されうる問題について述べたが，マイクロフィルムではどうか。残念ながら，マイクロフィルムについても同様の危険性があることが指摘されている。つまり，新聞社は，①縮刷版用，②自社が市販するマイクロフィルム用，そして③日本新聞協会を通じて納入される国会図書館用として原紙を提供しているが，修正・加工した原紙を上記の3通りに流用する可能性があることが指摘されている[22]。

国立国会図書館におけるマイクロフィルムが，昭和28年9月以降，日本新聞協会との契約締結によって組織的に作成されることについて述べているものは多いが[23]，このような問題があること，それによって生じる危険性について触れているものは，なきに等しい。

図書館側としては,今後このような修正のないことを期待するしかないが,縮刷版同様,留意しておかなければならない問題であるといえよう。

また,海外の新聞にはマイクロフィルムの質がよくないため,原紙保存を余儀なくされているとの事例報告もあり[24],購入にあたっては,すでに該当タイトルのマイクロフィルムを所蔵する機関に問合わせてみるなど,事前に確認するよう努めたい。なお,マイクロフィルムの全国的な所蔵目録としては次のものがある。

全国複製新聞所蔵一覧 (平成5年7月1日現在)国立国会図書館
編・発行 1994

国立国会図書館のほか1,163機関の所蔵する新聞資料(マイクロ版2,733タイトル,縮刷版・復刻版853タイトル)を収録。日本語新聞だけでなく,中国語,朝鮮語,欧文新聞も収録対象としている。巻末に所蔵機関の連絡先がわかる一覧がある。

(5) CD-ROM

近年,検索の利便性や所蔵スペースの制約を理由に,縮刷版からCD-ROM版の収集・保存へ移行する場合が多くなると思われる。このようなCD-ROM版の縮刷版には,検索機能があり,記事索引としての機能も充実している。その一方で,「著作権上の理由から新聞社の外部の評論家や学者などの寄稿した一部の文章が欠落する」[25]などの問題点がある。また,縮刷版で行われていたような修正が,新聞社によっては,いまだになされうることが指摘されている[26]。

朝日新聞『戦後50年朝日新聞見出しデータベース』

1945～95年までの見出し索引。5枚に分割されている。東京

本社発行朝夕刊最終版のほか，大阪，名古屋，西部版も収録。電子縮刷版としては，『CD-HIASK』がある。

日本経済新聞『日本経済新聞 CD-ROM』

東京本社発行の朝夕刊のほか，全国地方経済面の記事をフルテキストで収録。写真，図，相場欄などは，収録対象外。このほか，『日経産業新聞・日経金融新聞・日経流通新聞 CD-ROM 版』もある。

毎日新聞『CD 毎日新聞』

図や写真を除く全文記事情報。近年では，東京本社のほか大阪本社発行のものも収録されている。1991～95年の総合索引である『CD-5 yrs. 毎日新聞』もある（図表5.23）。

読売新聞『読売新聞電子縮刷版』

月2枚の CD-ROM に，画像データとして紙面を収録。検索機能があるので，記事索引としても使える。「双子関係，親子

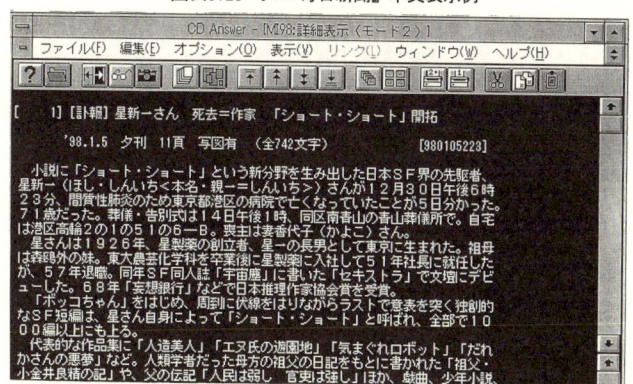

図表5.23 『CD 毎日新聞』本文表示例

図表5.24 『読売新聞電子縮刷版』検索画面

図表5.25 『読売新聞電子縮刷版』紙面表示例

関係にある言葉を YOMIDAS（読売新聞記事データベース）独自の辞書が結びつけているため，例えば『アメリカ』を検索すると，『米国』『米』『USA』という3つの検索語を持つ記事をも呼び出してくる。」[27] また，紙面に掲載された広告も検索可能。年間索引が別途ある（図表5.24，5.25）。

　海外では，ロンドンの Times 紙の『The Times Index』や，New York Times 紙の『New York Times Index』などの新聞記事索引が有名であるが，近年ではこれらの記事索引も CD-ROM 版が主流である。例えば，『Times』の記事索引は，『Palmer's Index to The Times 1790-1905 on CD-ROM』，『The Official Index to The Times 1906-1986』（共に Chadwyck-Healey より刊行）により提供されるようになっている。『The Wall Street Journal』や『The Washington Post』では，紙面をフルテキストで収録（一部収録除外のものもあり）したものもある。イギリスやアメリカ以外の国における主要紙についても，CD-ROM 版が刊行されているも

図表5.26 『世界 CD-ROM 総覧』ペンローグ

新聞/雑誌/年鑑/CD-ROMマガジン

Die Frankfurter Allgemeine Zeitung on CD-ROM

Research Publications International　+1 203 397 2600
紀伊國屋書店 電子情報部　(03)3439-0123

elegraph, 英国
●新聞記事情報，フランクフルター・アルゲマイネ
●1993年（1枚），1994～95年（各1枚），1996年～
●年4回
●Windows

Telegraph」の
●1993年：187,000円，1994～95年：各年253,700円，1996年～：年間354,000円
●ドイツの有力紙，フランクフルター・アルゲマイネの記事情報。フルテキストで1年分を1枚に収める。

のが多い。どのような CD-ROM が刊行されているかをつかむには，『世界 CD-ROM 総覧』（図表5.26）などのほか，洋書を取り扱う書店の発行するカタログも有用である。

これら新聞記事索引を含めた CD-ROM の購入に際しては，以下の点を確認／把握しておく必要がある。

① 動作環境について
- 自館のパソコンで支障なく動作するものか（特に，紙面を画像データとして収録している場合，メモリの量，CPU の処理能力，CD-ROM ドライブの速度などが，推奨条件を大きく上回っていなければ，円滑に利用できないおそれがある）
- インストールやトラブル時の対応体制は，職員側で整っているか

② 収録範囲について
- 紙面（または記事本文）を収録しているか，索引機能のみか
- 収録している紙面や検索対象となる記事は，どこの本社発行のものか（東京本社発行最終版のみかどうか）
- 図や表，写真は，収録対象か
- 広告，株価欄，ラジオ・テレビ欄なども収録されているか

③ 検索機能について
- 検索対象が記事本文なのか見出し部分なのか，記事から抽出された語句なのか
- さんご，サンゴ，珊瑚のような表記の違いで，ヒット件数が変わらないか。また，ねん出／捻出，破たん／破綻，ら致／拉致，覚せい剤／覚醒剤など，マスコミがよく用いる"一字のみ仮名

変換方式"[28]と本来の表記では，どちらを検索キーにとるかで結果に違いが生じることがある。キーワードをヨミで検索できるかなど，表記の違いにどのように対応しているかという点も事前にチェックしておきたい。

(6) オンライン新聞

オンラインで利用できる新聞には，①速報性，②作成・提供コストの軽減，③双方向性，④動画，音声も組合わせ可能，といった利点がある。その一方，紙の新聞と比較して一覧性に乏しく，安定した読者の確保が困難なことなどが指摘されている[29]。このほか，インターネット上のものについては，無料で利用できる反面[30]，各々のニュースについての掘り下げた解説を得るのが難しく，佐賀新聞社などの例外を除いては過去の記事を検索できないことが，日本における現状といえる。

オンライン・データベースについては，朝日新聞社の「Digital News Archives for Library」や日本経済新聞社の「日経テレコン21」などの新聞社が提供するものと，エレクトロニック・ライブラリー社のELデータベースなど複数の新聞社の紙面を検索対象とするものがある。しかし，いずれにせよ，利用料金が高いこと，検索対象期間の短いことなどデメリットが多く，利用者への課金をどうするかといった問題もあり，公共図書館ではあまり普及していないようだ。

これらオンライン版の新聞は，サービス内容が変わるおそれがあるので注意が必要である。参考までに，1999年現在における日本および海外の主なオンライン新聞についての状況をあげておく（図表

図表5.27 主なオンライン新聞のサービス

新聞名	国名	記事検索[1]	全文検索[2]	バックナンバー
朝日新聞	日本	○ (85-)	有料	
毎日新聞	日本	△ (97.8-)		可 (97.8-)
読売新聞	日本	有料 (96-)	有料	
日本経済新聞	日本	有料 (75-)	有料	
産経新聞	日本	有料 (93-)	有料	可 (96.5-)
Wall Street Journal	アメリカ	○ (99?-)	$2.95/a	
USA Tody	アメリカ	○ (87.4-)	$1/a	
New York Times	アメリカ	△ (87.1-)	無料	
Washington Post	アメリカ	○ (最近1年間)	$2.5/a	
Los Angels Times	アメリカ	○ (86.9-)	$1.5〜2.95/a	
Daily Telegraph	イギリス	○ (最近2週間)	無料	
Financial Times	イギリス	○ (90-)	$1.5/a	
Guardian	イギリス	△ (94-)	無料	
Times	イギリス	○ (96-)	無料	
		一部△[3] (95-98)	無料	
		△ (98.9-)	無料	可 (96.1-)
Frankfurt Allgemeine Zeitung	ドイツ	有料		
Die Welt	ドイツ	△ (95.5-)	無料	可 (95.5-)
Süddeutsche Zeitung	ドイツ	○ (最近30日間)	無料	
Le Figaro	フランス	有料	無料	
Le Monde	フランス	○ (98.10-)		
		○ (87-)	2ユーロ/a	

1) △：対象がオンライン新聞　○：対象が紙媒体の新聞　　2) $1/a：1記事 (article) あたり1米ドル
3) 旧サイトで可 (http://go2.guardian.co.uk/archive.html)

(伊藤民雄「インターネットと書誌情報」『図書館雑誌』93(6)：p.484, 1999 より)

5.27)。

(7) 切り抜き

　公共図書館においては，新内閣の顔ぶれなど，頻繁に問われるクイック・レファレンス用に切り抜きをする必要がある。また，館の重点収集の対象となるテーマについても，こまめな切り抜きが必要とされるだろう。市町村立図書館では，このほかに地域版を中心として有用なものを，切り抜きによって収集・提供することがある。これは，地域に関する情報を提供する役割を市町村立図書館が担っているためであるが，配達地域によって新聞の地域版が異なるため，地域版の保存を別の配達区域に位置する都道府県立図書館に依存できないことも理由の一つとなっている。切り抜きを業務に組み込む際は，

- 切り抜きの基準（対象となる主題）
- 作成コスト（切り抜き作業に必要となる人件費）
- 提供までの時間（タイムラグ）
- 利用頻度
- 作成した切り抜き資料の検索手段と効率
- 保存年限

などの点について，考えられる他の情報提供方法[31]と比較・検討することが大切である。特に，作成コストについては，作成者の人件費に注意する必要がある。効率のよい図書館運営を行うためにも，コストパフォーマンスについては，十分に考慮されなければならないからである。なお，切り抜き資料の電子化については，7章で述べることとする。

引用文献・注

1) 国立国会図書館では新聞資料を定義の中で，判型を「Ｂ４または縦36 cm以上のもの（含：Ｂ４タブロイド版）」としている（竹内ひとみ「国立国会図書館の新聞資料」『現代の図書館』35(3)：p.178, 1997）。

2) 日本新聞協会『Japanese newspaper handbook／日本の新聞1997』（p.26）による。日本新聞協会の区分では，学生や子ども向けの新聞について触れていないが，ともに専門紙に含まれるものと考えられる。また，英字紙とされていた部分は，英語以外の言語による新聞も発行されているために外国語紙とした。

3) プレスネットワーク94編『新聞のウラもオモテもわかる本』かんき出版, 1994, p.123

4) 毎日新聞大阪本社編成局へ電話で問合わせた回答による。ただし，過去には，空輸によって統合版地域にまで配布されることもあった。田中角栄元首相逮捕のときである（春原昭彦『日本新聞通史』新泉社, 三訂版, 1987, p.313）。

　なお，各新聞社にある資料室は，通例，自社の記事作成のためのもので，所蔵資料を一般公開しているところはなきに等しい。その一方，号外の多くを原紙保存しつつ，一般の閲覧に応じている貴重な資料館も存在する。大阪府東大阪市の新聞資料館（中谷作次館長）がその一つである。

5) プレスネットワーク94編, 前掲書, p.213

6) 図書館情報学ハンドブック編集委員会編『図書館情報学ハンドブック』丸善, 第２版, 1999, p.219

7) 春原昭彦, 武市英雄編『ゼミナール日本のマス・メディア』日本評論社, 1998, p.126-127

8) 図書館情報学ハンドブック編集委員会編, 前掲書, p.219

9) 新聞論調の二極化については，『新聞　転機に立つ新聞ジャーナリズムのゆくえ』（21世紀のマスコミ　01），大月書店, 1997, p.35　等を参照。

10) 杉山光信「東京大学情報メディア研究資料センターでの新聞の保存」『現代の図書館』35(2)：p.97, 1997

11) 『日本新聞年鑑』(日本新聞協会編, 電通発行) に掲載されている「新聞・通信各社の現況」における各紙の発行形態の項についても参照。

12) 『読売新聞』の夕刊コラム「よみうり寸評」で, 中曾根首相の豹変ぶりを批判した記事が早版に載ったところ, 途中版でコラムがなくなり, 遅版ではまったく別の内容のものに変わっていたという「事件」もあった (『新聞　転機に立つ新聞ジャーナリズムのゆくえ』(21世紀のマスコミ　01), 大月書店, 1997, p.43)。

13) 「新聞社とは, 別の意味では, 新聞印刷社でもあるわけであり, 印刷メディアにおいて困難な, 一定の速報性を確保するために, 1日の半分近くも, ただただ新聞を印刷し続けている場所でもあるわけだ。」(後藤将之『マス・メディア論』有斐閣, 1999, p.130)

14) 河合正義『ニュース・報道・取材のしくみがわかる本』明日香出版社, 1992, p.80-81　など

15) 秦郁彦「朝日新聞縮刷版変造の『白昼堂々』」『諸君！』17(7)：p.48-57, 1985

16) 佐瀬昌盛「ひそかに変造された朝日新聞縮刷版」『諸君！』16(12)：p.58-69, 1984

17) 「『赤旗』縮刷版で全文削除〜大蔵幹部の宴席出席記事誤報の可能性〜」『産経新聞』1998.4.26（朝刊）

18) 慶野義雄「『朝日』縮刷版変造の無節操」『知識』No.48：p.128-135, 1985

19) 『ジャーナリズムを学ぶ人のために』によれば,「たとえば朝日新聞では1989年10月の縮刷版以降訂正された形で縮刷版をつくらず, 間違った記事をそのまま載せる方針に転換した。今ではたいていの社の縮刷版は原紙を忠実に再現している。」とある (田村紀雄, 林利隆編『ジャーナリズムを学ぶ人のために』世界思想社, 新版, 1999, p.223-224)。しかし, ①これまで「縮刷直し」をするという方針自体が読者に明らかに

されていなかったこと，②前掲論文で述べられている「縮刷直し」の指摘に対する新聞社の対応に不信感を抱かされること，③原紙保存している図書館が少なく，「縮刷直し」の発見・確認が困難であること，などから「『縮刷直し』は今後，二度とおこなわれない」と断言することはできない。

20) 岩野治彦「メディア変換による保存」『新聞の保存と利用』（資料保存シンポジウム　2）日本図書館協会，1991，p.86-87

21) マイクロフィルムの特性と意義については，図書館ハンドブック編集委員会編『図書館ハンドブック』日本図書館協会，第5版，1990，p.195　を参照。

22) 秦郁彦，前掲論文参照。

23) ・国立国会図書館百科編集委員会編『国立国会図書館百科』出版ニュース社，1988，p.281
　・竹内ひとみ「国立国会図書館の新聞資料」『現代の図書館』35(3)：p.178，1997
　・多田俊五「国立国会図書館における新聞資料の保存と利用」『新聞の保存と利用』（資料保存シンポジウム　2）日本図書館協会，1991，p.65　などを参照。

24) 杉山光信「東京大学情報メディア研究資料センターでの新聞の保存」『現代の図書館』35(2)：p.97，1997

25) 田村紀雄，林利隆編，前掲書，p.224

26) 田村紀雄，林利隆編，前掲書，p.224

27)『読売新聞電子縮刷版』本体にある機能解説文より

28) 小板橋次郎『新聞ジャーナリズムの危機』かや書房，1997，p.32

29) 田村紀雄，林利隆編，前掲書，p.190-191　参照。

30) インターネット上におけるオンライン新聞の有料化については，田村紀雄，林利隆編，前掲書，p.192　などを参照。

31) 索引のみ作成し，一次資料の入手方法を把握しておくなどの方法が考えられる。国立国会図書館では，創立以来切り抜き資料を作成・提供し

てきたが,「CD-ROM化やデータベース化等によって代替措置が可能となったとの判断により,平成5年度に打ち切られた。」(竹内ひとみ「国立国会図書館の新聞資料」『現代の図書館』35(3):p.179, 1997)

5.5 官庁刊行物

5.5.1 官庁刊行物とは

(1) 官庁刊行物の名称と定義

明治時代には,私版との区別のため,単に「官版」あるいは「官板」と呼ばれ,大正から昭和にかけては,「官庁刊行図書」「官庁刊行物」と呼ばれた。「政府刊行物」という呼称は,第二次世界大戦後用いられるようになったものである[1]。ここでは,使用期の長さと広く使われていることから,官庁刊行物の名称を用いることとする。

官庁刊行物の定義は,名称同様にさまざまであり,定義づけが困難であることが指摘されている。その理由として,官庁の概念規定(「官庁」とは,どの範囲を指しているのか)と著作物の多様性があげられている[2]。本章では,官庁刊行物を「立法,司法,行政の機関と政府関係機関」[3]として扱うこととする。実務上は,各館において収集方針などで具体的に定義しておくとよいだろう。

(2) 官庁刊行物の特徴

官庁刊行物は,次のような特徴をもつといわれている[4]。

①ほとんどの資料が,逐次刊行物である。

②刊行部数が少ない。

③非市販資料が圧倒的に多く, 刊行情報の把握および流通経路がわかりにくい。

④公開基準があいまいなため, 公開されるべき資料であっても非公開になっていることがある。

⑤白表紙や簡易製本資料が多い。

こうした特徴をみてみると, 官庁刊行物の特徴は, そのまま"官庁刊行物が図書館において扱いにくいとされる理由"としてとらえることもできる。このような取扱いの難しい資料を, 図書館が収集する意義はどこにあるのか。『コレクションの形成と管理』によれば, 政府刊行物の資料価値として次の3点をあげており[5], これらの価値により収集が必要とされるといえる。

①政府そのものの活動を伝える生の資料として意義がある

②政府が巨大な情報収集機関として機能し, 収集した情報を整理し提供するものである

③政府活動の観点から分析や解釈を加えている

ただし, ③については逆に, 否定的な見解をもつ者や注意を促す者が多い[6]。

5.5.2 官庁刊行物の類型

名称や定義同様, その類型についてもさまざまである。刊行目的による類型[7], 内容による類型, 発行部局による類型などがあるが, ここでは内容による類型を示す[8]。

①議会資料（立法資料）

・会議録（本会議録, 委員会会議録）

- 法令（法律，政令，法律案）
- 条約（閣条，閣議，閣承）
- 請願・陳情資料

②司法資料
- 裁判記録
- 司法調査資料
- 司法研究報告

③行政資料
- 行政報告
- 統計報告
- 審議会・委員会答申
- 計画書
- 調査研究資料，報告
- 委託調査研究報告
- 補助金等による研究成果
- 広報資料（各省庁の広報誌紙，官報等）
- その他（書誌・目録等の二次的資料，職員録等）

5.5.3 主な官庁刊行物

(1) 官報

官報とは，「法令の公布機関紙として詔書，法律，政令，条約，府令，省令，規則，庁令，訓令，告示等一切の法令を掲載」[9]しているものであり，①官報（本紙），②官報号外，③官報政府調達公告版，④官報資料版，⑤目録がある。発行頻度は，①が日刊（行政

機関の休日を除く毎日），②と③は随時，④は毎週水曜日，⑤は毎月1回の発行となっている。また，⑤の目録を1年分フロッピーディスクに収録した『官報目録FD版』や冊子体の『官報総索引』などもある。

なお，官報はインターネット上でも閲覧することができる。図表5.28は，大蔵省印刷局により試験的に配信されているものである（1999年12月現在）。掲載期間は過去1週間分で，本紙のほか号外，政府調達，資料版の本文を見ることができる。このほか，官報のバックナンバー（目次のみ）および官報資料版を首相官邸のサイトで見ることができる（図表5.29）。なお，官報を検索できるサイトもあるが，検索対象期間が1997年4月以降と短く，検索キーも官報の目次にある語句を対象とした漢字形のみなので，機能の充実が望まれる（図表5.30）。

(2) **議会資料**

① **国会会議録**

衆議院会議録，参議院会議録ともに官報の号外として発行されているが，購読料金は官報（本紙）とは別なので注意すること。保存の際は，国会の会期ごとに製本するとよい。検索手段としては，国立国会図書館の『国会会議録総索引』があげられる（図表5.31）。事項索引と発言者索引からなるが，編纂方法や書名に変遷があるので，遡及的利用の際は注意が必要である[10]。なお，1999年1月よりインターネット上で検索システムが公開されているが，検索対象期間の短さ[11]が欠点である（図表5.32）。

5. 雑誌以外の逐次刊行物　181

図表5.28　インターネット上で閲覧できる官報

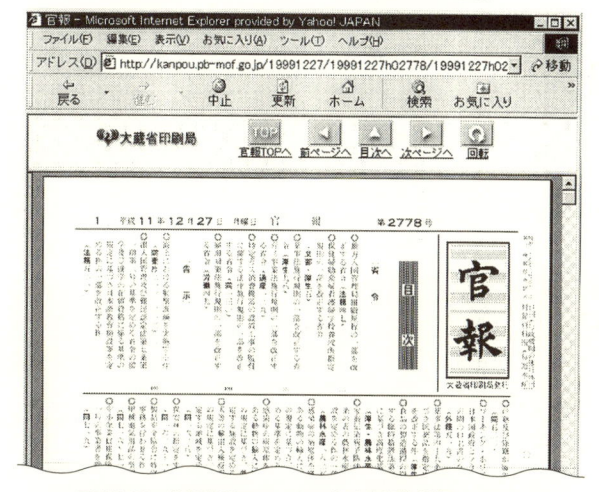

図表5.29　首相官邸のサイトにある官報資料版のページ

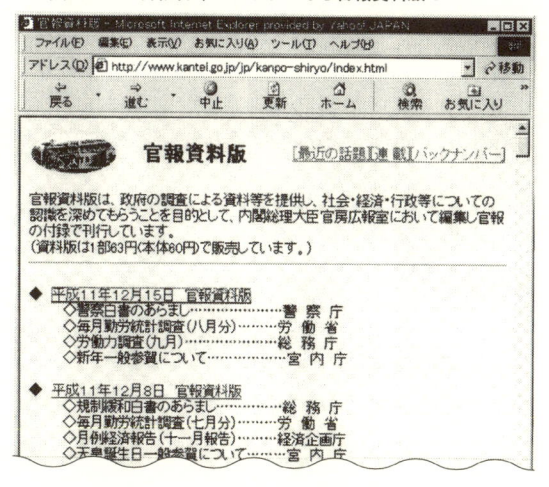

図表5.30：官報検索のページ

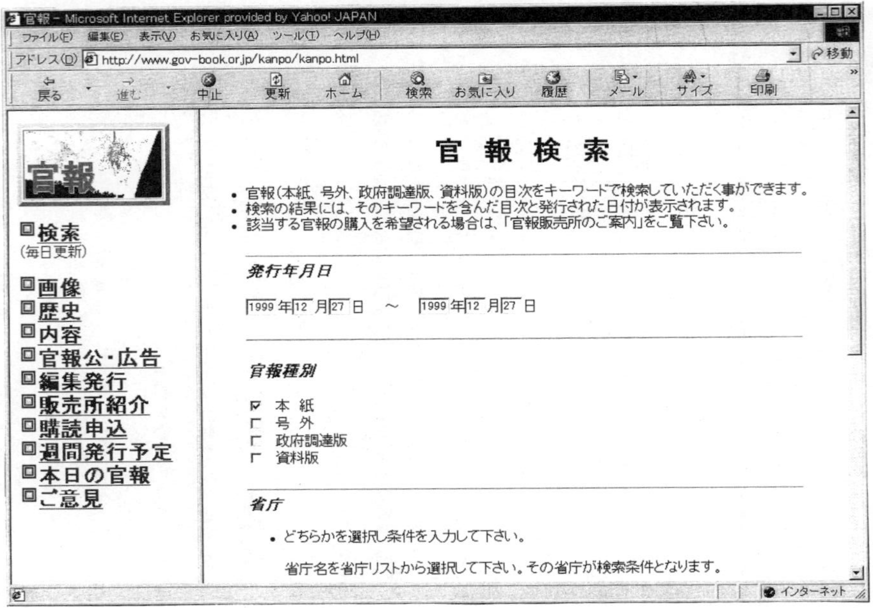
官報 - Microsoft Internet Explorer provided by Yahoo! JAPAN
ファイル(F) 編集(E) 表示(V) お気に入り(A) ツール(T) ヘルプ(H)
アドレス(D) http://www.gov-book.or.jp/kanpo/kanpo.html
移動
戻る 進む 中止 更新 ホーム 検索 お気に入り 履歴 メール サイズ 印刷
官報
検索
(毎日更新)
画像
歴史
内容
官報公・広告
編集発行
販売所紹介
購読申込
週間発行予定
本日の官報
ご意見
官 報 検 索
官報(本紙、号外、政府調達版、資料版)の目次をキーワードで検索していただく事ができます。
検索の結果には、そのキーワードを含んだ目次と発行された日付が表示されます。
該当する官報の購入を希望される場合は、「官報販売所のご案内」をご覧下さい。
発行年月日
1999 年 12 月 27 日 ～ 1999 年 12 月 27 日
官報種別
本 紙
号 外
政府調達版
資料版
省庁
どちらかを選択し条件を入力して下さい。
省庁名を省庁リストから選択して下さい。その省庁が検索条件となります。
インターネット

5. 雑誌以外の逐次刊行物　183

図表5.31 『国会会議録総索引』事項索引

事　項　索　引

（数字・英字）

119通報電話
　136参逓　11(6. 4)11　山田俊昭君(参・二院)

16時間勤務
　136参逓　8(5. 7)27　上田耕一郎君(参・共)

18歳選挙権
　139衆公特　2(12.12)12　近藤昭一君(衆・民主)

1日地方分権委員会
　136衆地方分権特　6(5.30) 5　永井英慈君(衆・新進)、穀田恵二君(衆・共)
　　　　参内　8(5.21)21　齋藤勁君(参・社)
　　　　参地方分権規制緩和特　6(5.22)18　上山和君(参・社)

中谷元君(衆・自)

21世紀職業財団
　136参労　9(5. 7)25　大脇雅子君(参・社)

21世紀展望
　136参逓　7(4. 9) 5　北岡秀二君(参・自)
　　　　参労　6(4.18) 9　南野知恵子君(参・自)

21世紀福祉ビジョン
　136衆厚　16(5.15)23　桝屋敬悟君(衆・新進)

24時間巡回型ホームヘルプサービス
　136参国・経調　2(2.14) 2　三浦一水君(参・自)

24時間体制
　136衆農　14(6. 5) 8　矢上雅義君(衆・新進)
　　　　参決　6(6.12)22

図表5.32　国会議事録の検索ページ

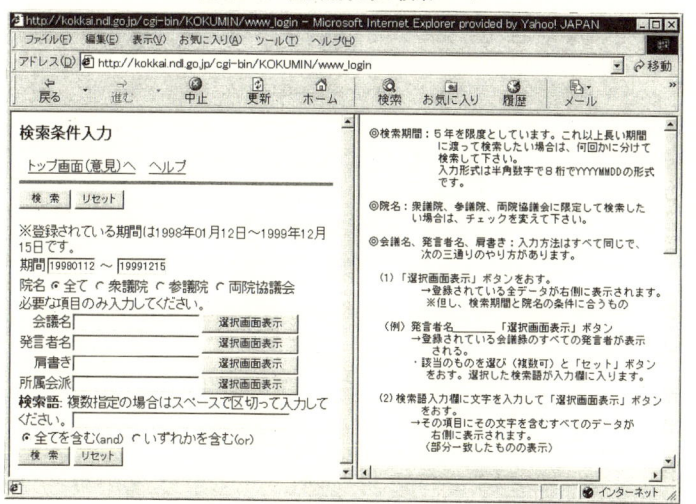

② 法令資料

a. **法令全書** 大蔵省印刷局（月刊）

『官報』に掲載された記事のうち，法令のみを月ごとに収録したもの。別途，年間索引が発行される。

b. **現行日本法規** 法務省法制調査局編 ぎょうせい（加除式）

加除式の総合法令集。主要な旧法令を収録した巻も含まれている。五十音索引，年別索引がある。この CD-ROM 版として『現行法令 CD-ROM』がある（図表5.33および5.34）。

c. **時の法令** 大蔵省印刷局（半月刊）

新たに公布される法令を立法担当官がわかりやすく解説している。

図表5.33 『現行法令 CD-ROM』検索画面（例）

No.	法令名	公布年月日	法令種別	法令番号
1	国立国会図書館法	昭和23年 2月 9日	法律	5
2	国立国会図書館法による出版物の納入に関する規程	昭和24年 7月 5日	国立国会図書...	3
3	国立国会図書館法第二十六条に規定する金銭の取扱規程	昭和28年 2月10日	国立国会図書...	2
4	国立国会図書館法の規定により行政各部門に置かれる...	昭和24年 5月24日	法律	101
5	学校図書館法	昭和28年 8月 8日	法律	185
6	学校図書館法施行令	昭和29年12月16日	政令	313
7	学校図書館法施行規則	昭和29年12月28日	文部省令	33
8	学校図書館法附則第二項の学校の規模を定める政令	平成 9年 6月11日	政令	189
9	図書館法	昭和25年 4月30日	法律	118
10	図書館法施行令	昭和34年 4月30日	政令	158
11	図書館法施行規則	昭和25年 9月 6日	文部省令	27

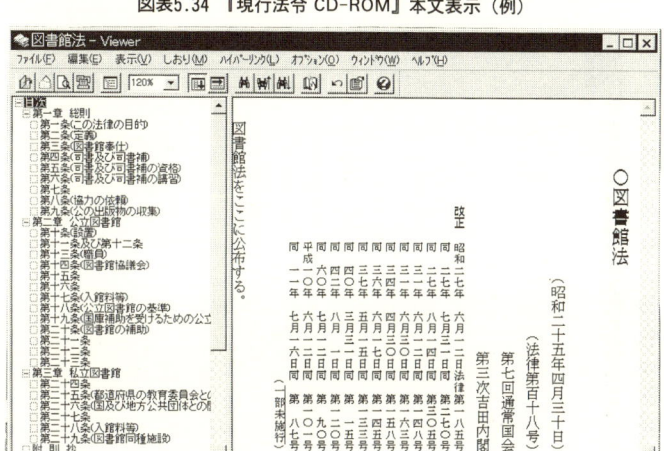

図表5.34 『現行法令 CD-ROM』本文表示（例）

(3) 判例資料

時系列によるものは逐次刊行物として発行されるものが，法体系に基づいて編集されるものには加除式のものが多い。

a. **最高裁判所判例集** ㈶最高裁判所判例調査会（年数回刊）

　　最高裁判所判例委員会の選んだ最高裁判所の裁判を登載したもの。なお，最高裁判所のホームページでは，過去1年以上の主な最高裁判決を閲覧することができる（図表5.35）。

b. **高等裁判所判例集** ㈶最高裁判所判例調査会（年数回刊）

　　各高等裁判所判例委員会の選んだ高等裁判所の裁判を登載したもの。最高裁，高裁いずれの判例集も，各号ごとに民事判例集と刑事判例集の二部構成となっており，巻ごとに索引が発行

図表5.35 『最近の最高裁判決』の一覧画面（例）

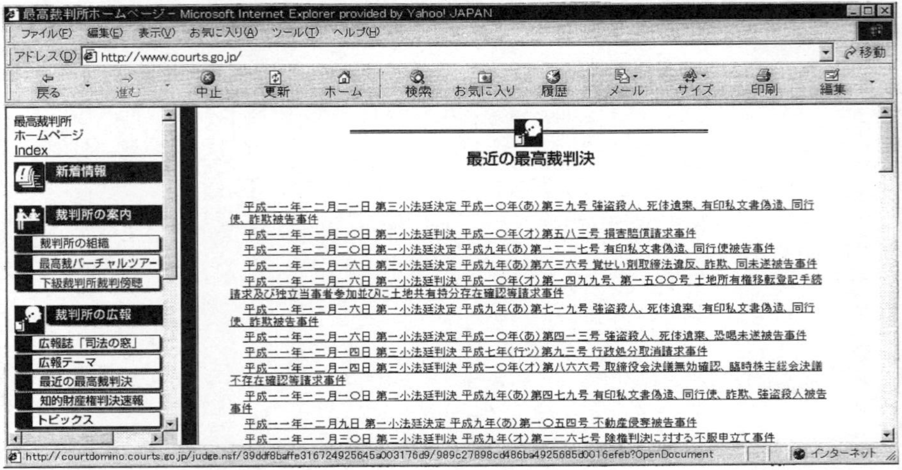
最高裁判所ホームページ－Microsoft Internet Explorer provided by Yahoo! JAPAN
ファイル(F) 編集(E) 表示(V) お気に入り(A) ツール(T) ヘルプ(H)
アドレス(D) http://www.courts.go.jp/
移動
戻る 進む 中止 更新 ホーム 検索 お気に入り 履歴 メール サイズ 印刷 編集
最高裁判所
ホームページ
Index
新着情報
裁判所の案内
裁判所の組織
最高裁バーチャルツアー
下級裁判所裁判傍聴
裁判所の広報
広報誌「司法の窓」
広報テーマ
最近の最高裁判決
知的財産権判決速報
トピックス
最近の最高裁判決
平成一一年一二月二一日 第三小法廷決定 平成一〇年(あ)第三九号 強盗殺人、死体遺棄、有印私文書偽造、同行使、詐欺被告事件
平成一一年一二月二〇日 第一小法廷判決 平成一〇年(オ)第五八三号 損害賠償請求事件
平成一一年一二月二〇日 第一小法廷決定 平成九年(あ)第一二二七号 有印私文書偽造、同行使被告事件
平成一一年一二月一六日 第三小法廷決定 平成九年(あ)第六三六号 覚せい剤取締法違反、詐欺、同未遂被告事件
平成一一年一二月一六日 第一小法廷判決 平成一〇年(オ)第一四九九号、第一五〇〇号 土地所有権移転登記手続請求及び独立当事者参加並びに土地共有持分存在確認等請求事件
平成一一年一二月一六日 第一小法廷決定 平成九年(あ)第七一九号 強盗殺人、死体遺棄、有印私文書偽造、同行使、詐欺被告事件
平成一一年一二月一六日 第一小法廷決定 平成一〇年(あ)第四一三号 強盗殺人、死体遺棄、恐喝未遂被告事件
平成一一年一二月一四日 第三小法廷判決 平成七年(行ツ)第九三号 行政処分取消請求事件
平成一一年一二月一四日 第三小法廷判決 平成一〇年(オ)第八六六号 取締役会決議無効確認、臨時株主総会決議不存在確認等請求事件
平成一一年一二月一〇日 第二小法廷判決 平成九年(あ)第四七九号 有印私文書偽造、同行使、詐欺、強盗殺人被告事件
平成一一年一二月九日 第一小法廷決定 平成九年(あ)第一〇五四号 不動産侵奪被告事件
平成一一年一一月三〇日 第三小法廷判決 平成九年(オ)第二二六七号 除権判決に対する不服申立て事件
http://courtdomino.courts.go.jp/judge.nsf/39ddf8baffe316724925645a003176d9/989c27898cd486ba4925685d0016efeb?OpenDocument
インターネット

図表5.36 『判例体系 CD-ROM』検索画面

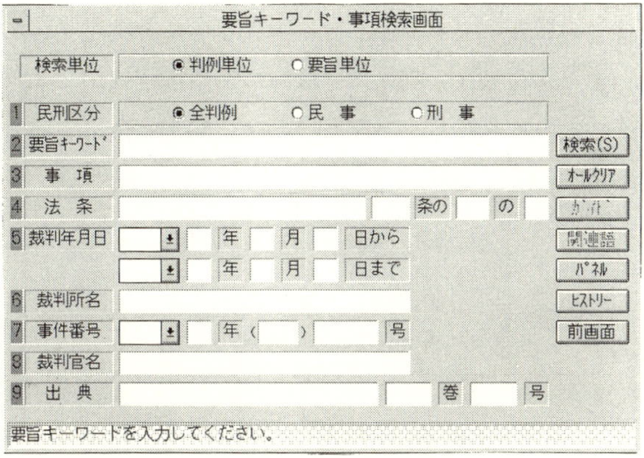

される。製本の際は、先に民事と刑事に分けてから合本すると利用しやすい。

c. **判例体系** 第一法規出版（加除式）

明治以降の判例（要旨）を法条別に整理・分類したもの。CD-ROM 版として『判例体系 CD-ROM』がある（図表5.36）。10枚組とはいえ膨大な量の加除式に比べればコンパクトであり、さまざまな検索ができる反面、判例や要旨の一部が収録されていないというデメリットもある。

判例の速報や解説は、判例時報社の『判例時報』や判例タイムズ社の『判例タイムズ』など民間の出版社によるもので得られる。

(4) **統計資料**

官庁刊行物の中でも中心的な資料といえるもので、そのほとんどが逐次刊行物である。収集・利用にあたっては、その統計の実施機

関や周期,調査対象などをある程度把握しておく必要がある。これら各種統計の概要については,後にあげる『統計調査総覧』を見ればよい。また,官公庁の統計は,法的に①指定統計,②承認統計,③届出統計と分けられることなど,統計に関する基本事項もおさえておきたい[12] (図表5.37)。

図表5.37 統計調査法と統計の種類

```
          ┌ 直接調査法 ┌ 全数調査 ┐  第一義統計 ┐
          │            └ 標本調査 ┘ (調査統計) │
          │                                      ├ 一次統計 ┐
調査法 ┤                                         │ (基礎統計)│
          │            ┌ 転  用 ── 第二義統計 ┘          │
          │ 間接調査法 ┤              (業務統計)            ├ 統計
          └            └ 推  計 ──────── 二次統計 ┘
                                                (加工統計)
```

(『統計実務基礎知識 ガイドブック』平成11年版より)

統計資料には月報で発表されたものが集約されて年刊のものに収録されたり,一次統計を加工して作成されたものなどがあるので,自館の収蔵能力や利用実態に即した収集・保存を行うことが大切である。なお,統計資料の主な調査ツールとして,次のものがあげられる。

a. **統計調査総覧** 総務庁統計局統計基準部編 ㈶全国統計協会連合会(年刊)(図表5.38)

　　分野ごとに国によるものと地方公共団体によるものの二部構成。巻末に実施機関別統計調査名索引,五十音統計調査名索引がある。

図表5.38 『統計調査総覧』本文

人　口

国勢調査（指定統計第1号）

実施機関　総務庁統計局統計調査部国勢統計課
目　的　人口の実態を把握し、各種行政施策その他の基礎資料とする。
沿　革　平成7年国勢調査は、第1回調査から数えて、第16回目の調査に当たる。

　国勢調査は、第1回（大正9年）から第5回調査（昭和15年）までは「国勢調査に関する法律」に基づいて5年ごとに実施されてきた。第6回調査（本来は、昭和20年が調査年であったが終戦直後であったため中止され、臨時に昭和22年に実施された。）以降は、現在の「統計法」に基づき、10年ごとに大規模調査、その中間の5年目には簡易調査を行うこととなり、平成7年は簡易調査である。

　大規模調査と簡易調査の相違は、調査事項の多寡であって、平成7年調査は前回の平成2年調査（大規模

産業（大分類）
　　第1部　全国
　　第2部　都道府県・市区町村編（47分冊）
　　その2　従業地による人口－職業（大分類）
　　その3　従業地による人口－産業・職業（中分類）
別巻　我が国の人口集中地区
最終報告書　日本の人口
速報シリーズ
　1．全国都道府県市区町村別人口（要計表による人口）
　2．抽出速報集計結果（1％抽出集計結果）
解説シリーズ
　1．我が国人口の概観
　2．都道府県の人口（47分冊）
日本人口地図シリーズ
　○　展示用地図（四六版）
　　・市区町村別人口密度等
　○　地図帳（A3版）

b．統計情報インデックス　総務庁統計局（年刊）（図表5.39）

　民間機関の調査によるものも含め、必要とする統計データが、どの刊行物に掲載されているかをキーワードから調べることができる。また、総務庁のホームページでも検索できるようになっている（図表5.40）。

このほか、次のような資料も参考にするとよい。

c．統計ガイドブック　社会・経済　木下滋ほか編　大月書店　第2版　1998

　社会・経済に限られてはいるが、項目ごとに代表的な統計などの解説のほか、統計の利用上の注意やトピックス、統計書やインターネットの関連サイトの紹介などがわかりやすく掲載されている。

図表5.39 『統計情報インデックス』キーワード索引

【あいし～あとつ】 1

	II	III
IC		
外国貿易概況 1998年1月	391	703
ICDコード		
医療施設（静態・動態）調査・病院報告（全国編） 平成8年 上巻	329	495
医療施設（静態・動態）調査・病院報告（都道府県編） 平成8年 下巻	330	498
アイスクリーム		
衛生行政業務報告（厚生省報告例）平成8年	330	503
ID		
我が国情報処理の現状 平成9年情報処理実態調査	368	637
アウトソーシング		
我が国情報処理の現状 平成9年情報処理実態調査	368	637
産業労働事情調査結果報告書 平成9年（アウトソーシング等業務委託の実態と労働面の影響に関する調査）	376	658
亜鉛鉱		
資源統計年報 平成9年	366	634
埋蔵鉱量統計調査について（平成8年度）（甲鉱産）	368	638
亜鉛めっき鋼板		
鉄鋼統計年報 平成9年	365	631
青色申告		
税務統計から見た法人企業の実態 平成8年分－会社標本調査結果報告－	324	471
税務統計から見た申告所得税の実態 平成8年分－申告所得税標本調査結果報告－	325	471

図表5.40 『統計情報インデックス』検索画面

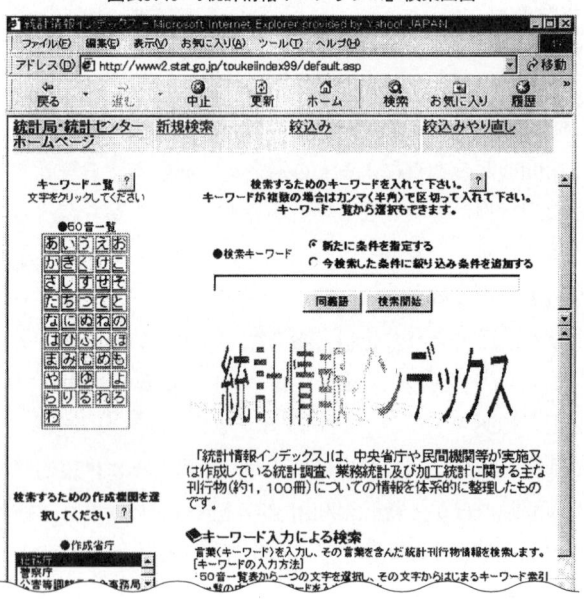

5.5.4 収集における注意点

官庁刊行物のすべてを網羅した書誌は存在しない。その原因として，印刷・刊行形態や流通経路の多様性が指摘されている[13]。このような状況を踏まえた上で，選定のためのツールとして次の書誌をあげておく。なお，区分は『情報探索ガイドブック』による。

① **販売資料書誌**

a. **政府刊行物等総合目録** 全国官報販売共同組合（年刊）

各省庁および政府関係機関で編集・監修された政府刊行物のほか，実務書等を収録。雑誌類は巻末にまとめられ，各省庁の広報誌には，※印が付されている。最近では，安価なCD-ROM版も発行されている。

b. **大蔵省印刷局刊行物目録** 大蔵省印刷局（年2回発行）

『政府刊行物等総合目録』が，民間の出版社の発行するものや実務書を含めているのに対し，大蔵省印刷局が発行する刊行物を収録。「印刷局刊行物ベストセラー20（平成＊年度）」として，売れ筋情報が掲載されることがある。

② **非売資料書誌**

a. **月刊ニューポリシー** ㈱研恒社政策情報資料センター（月刊）

新聞等で報道されるものの，全文を入手することが難しい審議会や調査会の答申や各種報告，政策提言の類を一次資料として収録。ただし，非常に高価である。

b. **NPiSデータベースCD-ROM版** ㈱研恒社政策情報資料センター

1989年からのデータ約16万件を収録し，年月，省庁名，キー

ワードから検索できる。

c. **政府資料アブストラクト** ㈳政府資料等普及調査会（月刊）

　非売資料を中心とした官庁刊行物の解説目録で，同調査会資料センターが所蔵しているものを収録対象としている。よって，掲載されている資料は，資料整理（請求）番号をもとに複写サービス等を利用して入手することができる（事前に会員登録が必要）。また，これらの資料は，「政府資料データベースオンラインシステム」（GIOSS-Net）でも検索できる。

なお，非売資料は寄贈依頼による入手が主である。寄贈依頼を行う際にあれば便利なものとして，次の資料をあげておく。

d. **職員録** 上下巻　大蔵省印刷局（年刊）

e. **行政機構図** 総務庁行政管理局監修　行政管理研究センター（年刊）

③ **逐次刊行物書誌**

a. **雑誌新聞総かたろぐ** メディア・リサーチ・センター（年刊）

　タイトルや発行所から，入手方法や解説を求めるのによい。

b. **出版年鑑** 出版ニュース社（年刊）

　第2巻（目録編）に，官庁刊行雑誌としてまとめられている。官庁機構図の省庁順に，非売品を含め，1999年版では359点登載。ただし，編纂が官庁であっても，出版社を通じて販売されているものは，一般雑誌の項に収められているので注意が必要である。

このほか，官庁刊行物の刊行情報については官報資料版はもちろん，新聞で報道されることも多いので，日常的なチェックが欠かせ

ないだろう。新聞報道においては，資料名が俗称や通称であげられることがあるので，後日問合わせがあったときに困らぬよう，正しい名称とともに把握しておく必要がある。また，時事通信社の『官庁速報』や時評社の『官庁ニュース時評』など官庁情報全般を扱うものも役立つだろう。

なお，法令集や判例集などには加除式のものが少なくないが，加除式の資料を網羅した出版目録は存在しない[14]。実際の収集にあたっては，参考図書の解題書（図表5.41）などを参考にするなり，他館で収集しているものを現物で確認するなどするとよいだろう。また，加除式資料は永続的に差し替え作業を要することから，追録のための維持費を考慮しておかなくてはならない。CD-ROM版があるものについては，加除式のものと比較・検討の上，自館の事情にあわせた選定をすることが大切である。

資料の入手については，政府刊行物サービスセンターおよび政府刊行物サービス・ステーションを通じて購入する方法のほか，寄贈

図表5.41 加除式資料の掲載例

でいる。なお本書のみ，判決年月日索引を欠いている。

（判　例　集）

CD59
新判例体系　八木胖等　新日本法規出版　昭和26(1951)-（加除式）
最高裁判所発足後の新判例を基本とし，大審院時代の判例を併せて綜合的に編集。新判例は網羅的に，旧判例は大審院を中心に選別して収める。編成は法令の各条項別に，条項内は事項別に分類配列，要旨，上告理由，判決理由（摘出）および出典資料を掲載。追補を

CD62
判例体系　第一法規出版　昭和28(1953)-（加除式）
明治以来のわが国の裁判例摘録を法令条文別に網羅的に収録。現在のところ最も大規模な判例集。個々の判例は憲法以下31部門に大別し，該当または関連条文のところに配置し，欄外に問題点を見出しとして付す。各判例には出典資料を明示してある。各台本および追補ごとに判決年月日索引があるが，総索引を欠く。当初の台本に追録，追補を行い，昭和52年現在320冊というぼう大なものとなったため，昭和49年以降の判決に対しては改めて新しい台本によることとし，「第2期」として刊行をはじめている。本書の要約版とし

（『日本の参考図書　解説総覧』より）

によって入手できる場合がある。寄贈については，作成部局から提供されるものと，寄贈依頼によるものに分かれる。特に非売資料は通例，刊行部数が少ないので，刊行情報を得たら速やかに寄贈依頼を行わなければ入手できないことが多い。日頃からの情報収集と速やかな依頼ができる体制づくりが必要である。また逐次刊行物を寄贈依頼する場合は，長期的な入手経路を確立することが大切であり，「寄贈側の担当者が異動したから入手できなくなった」ということにならないよう努めるべきである。

近年，インターネット上で各省庁が提供する情報には有益なものが増えており，従来，印刷物では入手が困難であった審議会の答申

図表5.42　各省庁の新着情報を配信するメールマガジンの例

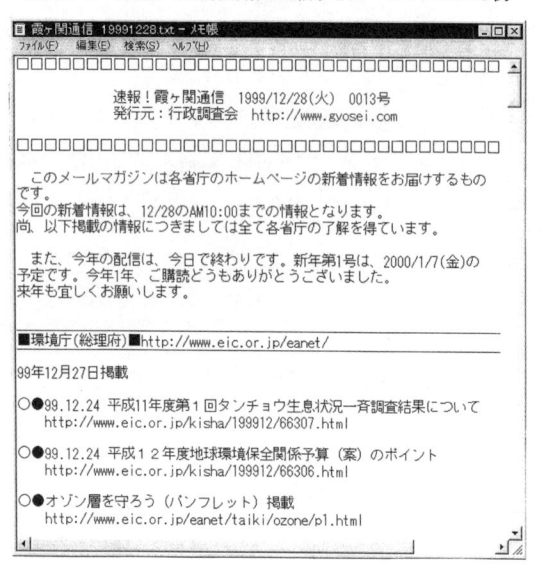

や私的諮問機関の報告といったさまざまな情報を直接，無料で入手できることが多くなってきている。すべての省庁サイトにある新着情報をこまめにチェックするのはかなりの労力が必要だが，メールマガジン（特定の主題に関する情報を定期的に電子メールで配信してくれるもの）を活用するなど，今後はこれらネットワーク上の電子情報やサービスについても積極的に利用することが大切であろう（図表5.42）[15]。

5.5.5 外国の官庁刊行物

アメリカの官庁刊行物目録は，冊子体やマイクロ資料版を廃刊してCD-ROM版やオンラインでの提供としているものが増えてきている[16]。あの『Monthly Catalog』でさえ「GPO Accessですでに提供されており，CD-ROM版も昨年から刊行されるようになったことから，マイクロフィッシュ版が1995年12月に廃止された。冊子体については索引がタイトル・キーワードだけとなり，書誌事項も大幅に簡略化されてしまった」[17]。また，イギリスでは1996年に英国印刷庁（HMSO）が民営化されたこともあり，官庁刊行物のデータベース開発や出版物の電子化が急速に進められている[18]。このような電子化の傾向は，他の先進国や国際機関の刊行物目録についても同様であるといえる。ここでは入手のための主な書誌として，冊子体ではなく，以下のようなCD-ROMおよび検索サイトをあげておくにとどめる。

a. **GPO Access** http://www.access.gpo.gov/su_docs/
  行政，立法，司法の政府情報著作物を無料で提供（図表5.43）。

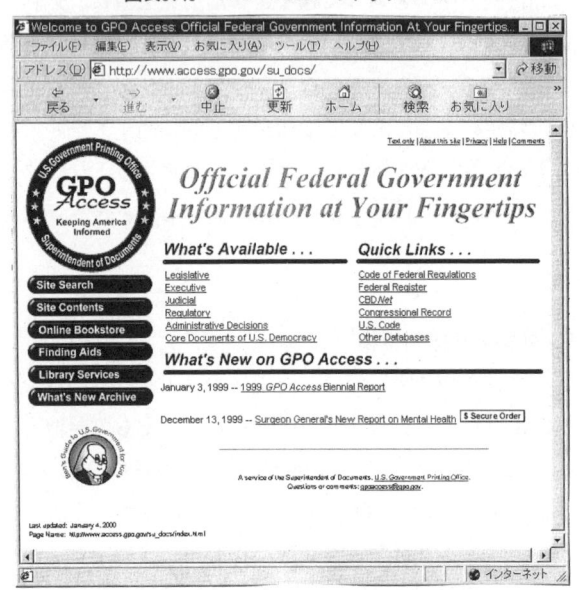

図表5.43 GPO Access のトップページ

b. GPO on SilverPlatter　SilverPlatter Information Inc.

　　アメリカ政府印刷局（GPO）の出版物カタログ。

c. Congressional Masterfile 1, 2　Congressional Information Service Inc. （CIS）

　　米国議会の下院・上院委員会，両院合同委員会，小委員会の出版物に関する書誌情報を収録。報告書，公聴会筆記録，委員会用の印刷物のほか，特殊出版物までを対象としている。

d. UKOP(Catalogue of United Kingdom Official Publications)　Chadwyck-Healey Ltd.

イギリス公的機関の出版物約16万件の書誌情報を収録。

e. **UNBIS Plus on CD-ROM**　Chadwyck-Healey Ltd.

国際連合が発行する各種文書や出版物に関する書誌情報を収録。

上記以外の CD-ROM については，入手するための代理店も含め，『世界 CD-ROM 総覧』などの書誌で知ることができる。また，洋書を取扱う書店などでは CD-ROM のカタログを用意しているので，こういったものを活用するのもよいだろう（図表5.44，5.45）。

一次資料については，寄贈や交換で入手できるものもあるかもしれないが，多くは洋書を取扱う書店へ発注して購入することになる。その際，印刷物の一次資料については，書店のカタログでは網羅性に欠けるため，入手可能かどうかを事前に書店と相談する必要があろう。近年では，相手国の書店とオンラインでの発注・購入も可能となってきているが，料金決済の手続きやトラブル時の対処などについて事前に十分な取り決めをしておくなど，注意が必要である。

なお，アメリカではインターネットによる政府情報の公開に積極的であり[19]，さまざまな文献や情報をオンラインで直接検索し，無料で入手できることも少なくない。

5.5.6　官庁刊行物の電子化

日本銀行調査統計局『経済統計年報』が，平成9年版をもって廃刊された。以後は『主要経済・金融データ CD-ROM』を刊行し，『経済統計年報』のデータを収録データの一部として提供されることとなった。このような冊子体から CD-ROM への移行は，利用者

図表5.44 『CD-ROM CATALOG 人文・社会科学 1999/2000』(丸善)

N19 英国公文書館アジア関係文書:第二次大戦終結からベトナム戦争まで
Asia: Official British Documents 1945-65: Selected Documents
Routledge

英国の対アジア政策を知る上で不可欠の文書、4万ページ分を収録。各文書は、ファイル番号、文書番号、書類番号、日付、国、キーワードで索引化されています。

収録期間:買取 /Disc枚数:4枚 /¥1,395,000 /商品コード:MBN 9766062(Win)
対応OS:DOS/V Win95

N20 英国議会資料総索引
British Parliamentary Papers CD-ROM Index
Readex

英国議会で発生するあらゆる資料を網羅する画期的インデックスです。原版は別売のマイクロフィッシュ版にて提供されます。(日本総代理店:丸善)

収録期間:買取 1990/91+ /Update回数:年4回 /Disc枚数:1枚 /¥2,060,000 /NM扱い
対応OS:DOS/V Win95

図表5.45 『CD-ROM 総合カタログ 理工・医学編』(紀伊國屋書店)

紀伊國屋書店 CD-ROM 総合カタログ

10.45 Social Security Library

Network (West)
社会保障に関する 1937 年以降の連邦・州の判例 1 万 2 千件以上と、関連法令・規則などを収録。
対応:DOS, Windows, Mac
更新:年4回 枚数:CD-ROM 1 枚 ¥198,720 /年 (B)
備考:自動更新の年間予約契約で、初回オーダーの 13 ヶ月後に次年度の年間使用料を請求。
Subscriber Agreement への署名と更新・キャンセル時のディスク返却が必要。

10.46 Supreme Court Reporter

Network (West)
合衆国最高裁判所判例集。1789 年以降の合衆国最高裁判所の全ての判決を収録。
対応:DOS, Windows, Mac
更新:年3回 枚数:CD-ROM 2 枚   年度:1789-現在   ¥165,600 /年 (B)
備考:自動継続の年間予約契約で、初回オーダーの 13 ヵ月後に次年度の年間使用料を請求。
Subscriber Agreement への署名と、更新・キャンセル時のディスク返却が必要。

10.47 TIARA CD-ROM : Treaties and International Agreements Researchers' Archive: United States Treaties and International Agreements 1783-Present

にとっては検索の利便性やデータの流用・加工が容易であること，作成者にとっては作成に要する費用が安価であることから，今後ますます増えるものと考えられる。ただし，追記や書き換えのできないメディアだけに，頻繁な追記・更新が必要となる情報を収録するには不向きであることはおさえておきたい。

一方，インターネットにおける官庁刊行物の電子化については，どうか。これまで印刷物では入手が困難であった資料が，各省庁のホームページ上で公開されることが多くなってきていることは先に述べた。なかでも官庁サイトの玄関口ともいえる首相官邸，グローバル化が急速に進む金融・経済の中心機関である大蔵省や日本銀行のサイトなどでは，各種報告書，統計など資料の電子化が特にめざましい。また，統計などの数値データを表計算ソフトのファイルとしてダウンロードできる場合もあるなど，機能やサービスの充実化がみられる[20]。総務庁が「行政情報の総合案内サービス」[21]として各省庁のホームページに掲載されている情報を横断的に検索できるようにしたのも，各省庁のインターネットにおける電子情報の増加を裏付けているといえよう（図表5.46）。

こうしたインターネット上における官庁刊行物の電子化は，さまざまな恩恵[22]をもたらす一方，次のような点を認識しておく必要がある。

①どれだけ官庁刊行物が電子化されても，印刷物同様にすべての官庁情報がインターネット上に公開されるとは限らないこと

②オンライン上の電子情報の特性から，公開されている情報が必要に応じて随時，修正・更新されうること

図表5.46 「行政情報の総合案内サービス」ホームページ検索画面

総合案内クリアリングシステム／ホームページ検索

検索実行 ｜ リセット ｜ ヘルプ

検索したいキーワードを入力してください

○ AND ○ OR ○ NOT

○ AND ○ OR ○ NOT

省庁を指定して検索することも可能です
省庁を指定しない場合は全省庁を対象に検索します

□ 首相官邸	□ 人事院	□ 内閣法制局	□ 総理府
□ 公正取引委員会	□ 警察庁	□ 公害等調整委員会	□ 宮内庁
□ 総務庁	□ 北海道開発庁	□ 防衛庁	□ 経済企画庁
□ 科学技術庁	□ 環境庁	□ 沖縄開発庁	□ 国土庁
□ 金融監督庁	□ 法務省	□ 外務省	□ 大蔵省
□ 国税庁	□ 文部省	□ 文化庁	□ 厚生省
□ 農林水産省	□ 通商産業省	□ 資源エネルギー庁	□ 特許庁
□ 中小企業庁	□ 運輸省	□ 海上保安庁	□ 気象庁
□ 郵政省	□ 労働省	□ 建設省	□ 自治省
□ 消防庁	□ 会計検査院		

表示件数 10 ▼ 件

③一度公開されたものであっても永久的な閲覧を保証されているわけではないこと[23]

このように日本においても官庁刊行物の電子化は進みつつあり,『郵政行政統計月報』のように,冊子体の発行をやめてインターネットによる情報提供のみとされることさえある。しかし,現在の日本におけるインターネットの加入状況[24]を考慮すると,国民に広く知らしめる必要のある情報をインターネット上でのみ提供するのは,不適切である。すべての国民がインターネットへ接続できる環境にない限り,図書館など公的な機関における電子情報へのアクセスを保証することが前提でなければならないであろう[25]。ちなみに,"インターネット先進国"アメリカでは1997年の段階で,すでに全米の公共図書館の60.4%が,公共端末によるインターネットへのアクセスを提供しているといわれている[26]。

このような状況の中,公共図書館では"図書館としてインターネットを含めたオンライン上の電子情報をどのように位置づけるのか"という問題について,本格的な議論が始まったばかりである[27]。今後も起こりうる情報が流通する形態の変化に対しては,迅速かつ適切な対応ができるよう努めなければならない。

引用文献・注
1) 黒木務『政府刊行物概説』帝国地方行政学会, 1971, p.18
2) 同上書, p.19
3) 同上書, p.20 このほか, 木野主計ほか編『資料特論』には, 国際図書館連盟, ユネスコ, 国立国会図書館による定義があげられているので, 参照のこと。

4) 木野主計ほか編『資料特論』(新現代図書館学講座 14) 東京書籍, 1998, p.78
5) 三浦逸雄, 根本彰共著『コレクションの形成と管理』(講座図書館の理論と実際 2) 雄山閣, 1993, p.62
6) 日下公人『政府刊行物の読み方』ダイヤモンド社, 1987, p.79および第 6 章など。これは, 地方行政資料についても同様である。(「執筆者個人の主観は排除されているとしても, 自治体としての姿勢や政策が資料を左右するという特徴を把握しておく必要がある。」塩見昇「公共図書館と地方行政資料」『図書館界』18(4), 1967)
7) 黒木務, 前掲書, p.22
8) 木野主計ほか編, 前掲書, p.66
9)『大蔵省印刷局刊行物目録』大蔵省印刷局, 1999, p.160
10) 情報探索ガイドブック編集委員会『情報探索ガイドブック』勁草書房, 1995, p.28
11) 第142回国会以降の衆議院, 参議院の本会議および予算委員会が対象。2000年1月より, 両院すべての委員会会議録も閲覧可能となる予定(1999年1月現在)。
12) 河島正光『ビジネス資料概説』日外アソシエーツ, 1989, 第4章を参照。また, 総務庁統計局統計基準部監修『統計実務基礎知識ガイドブック』㈶全国統計協会連合会, 平成11年度版, 1999 も, 簡潔でわかりやすい。
13) 三浦逸雄, 根本彰共著, 前掲書, p.62 ほか
14) 日本図書館協会図書館ハンドブック編集委員会編『図書館ハンドブック』日本図書館協会, 第5版, 1990, p.183
15) 行政調査会『速報!霞ヶ関通信』は, 次のアドレスで登録すればよい。
http://www.gyosei.com/magazine_setumei/ (無料)
このほか日本銀行などでは, 独自に新着情報の配信サービスを行っている。
16) アメリカでの官庁刊行物の電子化を含めた現況については, 国立国会

図書館支部図書館制度50周年記念シンポジウムにおける, フランシス・J. バックリー・ジュニア氏の講演記録が, よくまとまっていてわかりやすい(「講演 米国の政府情報の提供」『政府情報の流通と管理』国立国会図書館編集・発行, 日本図書館協会(発売), 1999, p.15-30)。なお, アメリカ官庁刊行物の刊行, 普及の歴史については, 次の文献を参照。

　　田邊由太郎「米国政府刊行物印刷普及の歴史的発展」(上)=『びぶろす』38(3):p.1-11, (中)=『びぶろす』38(7):p.1-10, (下)=『びぶろす』38(11):p.1-12, 1987
17) 後藤悦子「GPOの電子情報と寄託図書館」『カレントアウェアネス』218:p.3, 1997
18) 飛田由美「HMSO民営化のその後」『カレントアウェアネス』229:p.4, 1998
19) アメリカにおける政府情報の公開状況については, 岡部一明「アメリカの医学データベース『メドライン』の無料公開」『ずぽん』ポット出版, No.5:p.64-75, 1998　参照。
20) 表計算ソフトのファイルとしてダウンロードできれば, 受け手は閲覧だけでなく, そのデータを自在に加工できることになる。官庁統計のダイジェストともいえる『日本統計年鑑』も, 最新版のみとはいえ, このような利用ができるようになったことの意義は大きい。
21) http://www.clearing.admix.ne.jp/
　　1999年末現在, 試行運用であるが, 本格的に稼働すれば官庁情報収集の強力なツールとなろう。
22)「5.4.4　保存(6)オンライン新聞」の項を参照。
23) アメリカでは, 1998年に上院へ提出された"The Wendell H. Ford Government Publications Reform Act of 1998"において, 電子情報が永続的にアクセスできるよう手続を整える旨が提案されたが成立には至らなかった(古賀崇「アメリカにおける政府情報の電子化に対する取り組み」『カレントアウェアネス』231:p.2-3, 1998　参照)。

24)「日本のインターネット人口は，調査機関によって差があるものの，98年中に1,000万人に達したと推測される。」((財)日本情報処理開発協会『情報化白書1999』コンピュータ・エージ社，1999, p.150)
25) 田邊由太郎は，政府情報のデータベースについて考慮すべき点として「高額な国費で作成する政府情報も国民への適切な還元方法を考慮することなくしては，機能的には反時代的なものとならざるを得ない。」と述べている（田邊由太郎，前掲論文（上）『びぶろす』38(3)：p.1, 1987)。
26) 岡部一明「アメリカ：公共図書館の商業データベース提供」『現代の図書館』37(2)：p.90, 1999
27) この問題については，無用の混乱を避けるためにも，次の文献からあたるとよい。
薬袋秀樹「公立図書館における電子情報の導入に関する論議について」『図書館雑誌』93(6)：p.468-469, 1999

5.6 シリアル・パンフレット

5.6.1 シリアル・パンフレットとは

シリアル・パンフレットとは，次のような特徴をもつ資料を指す。
①終期を予定せず，定期／不定期に刊行される
②通常，1冊1論文である
③統一的なタイトルのもと，号数，あるいは整理番号（記号）が付されている
④簡易な装丁のものが多く，本紙をホッチキスで止めただけのものもある
⑤号によって判型が変わったり，テーマによってページ数に大きな差が生じることがあるなど，形態が一定でないものが少なく

ない

パンフレットという名称がついていることから,薄手の小冊子がイメージされ,実際,一般の雑誌等に比べてページ数の少ないものが多かったが,近年ではページ数の多いものが増える傾向にある。パンフレットの定義については,「表紙を除き,5ページ以上48ページ以下の印刷された不定期刊行物」というユネスコによるものがよく用いられる。これは,ユネスコが各国の出版物統計をとる際に,基準として設けたものである。ただし,我が国ではページ数を,通例100ページを超えないものとしている[1]。

なお,4ページ以下の印刷物については,次の2種がある。

① リーフレット:一枚刷りの印刷物を1回折ったもの。片面刷りなら2ページ,両面刷りなら3～4ページとなる。
② 一枚もの:チラシやビラ,ポスターなど一枚刷りの印刷物。片面刷り(1ページ),両面刷り(2ページ)がある。

これらパンフレット,リーフレット,一枚ものに,切り抜き資料を含めて,ファイル資料,インフォメーション・ファイルなどと呼ぶことがある。

5.6.2 シリアル・パンフレットの具体例

シリアル・パンフレットの例としては,以下のようなものがあげられる。

(1) 官庁刊行物および各種団体の調査資料

官庁刊行物では,部局名に通し番号をつけ,個別タイトルを設けて内部資料としているものが多い。官庁資料の中でも,委託調査資

図表5.47 地方自治体の発行するシリアル・パンフレットの例

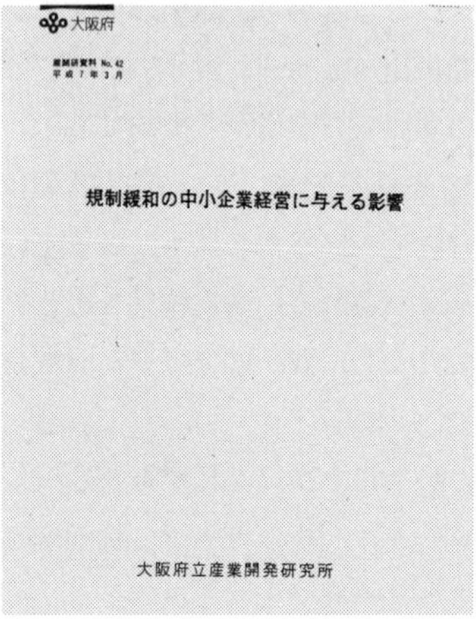

（大阪府立産業開発研究所）

図表5.48 各種団体の発行するシリアル・パンフレットの例

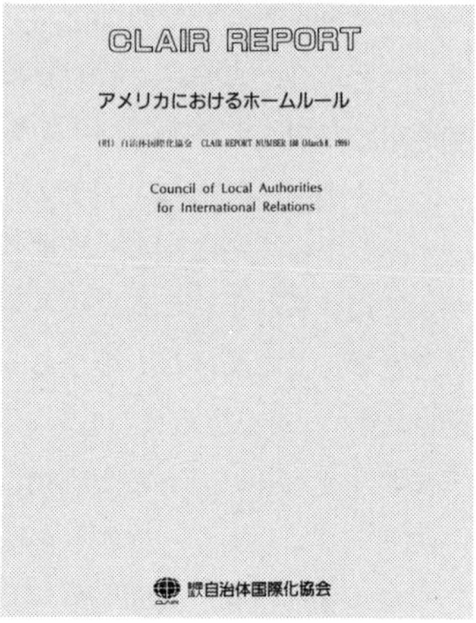

（財）自治体国際化協会

料の類に多いようだ。また，政府や地方自治体の外郭団体，大学の研究所，シンクタンク等が発行する報告書の中には，シリアル・パンフレットであるものが少なくない。これらの資料はいずれも入手が困難である一方，取り扱うテーマが図書や雑誌では得にくいものが多く，レファレンスの際に役立つものである（図表5.47，5.48）。

(2) テクニカル・レポート

アメリカ政府の提供するものでは，ADレポート，PBレポートなどが有名である。しかし，これらの資料については，索引誌が電子化の過渡期にあるため，書誌の変遷が複雑になっている。例えば，国立国会図書館の『海外科学技術資料受入目録』1996年版，および1997年版によれば，

- 『Energy Research Abstracts (ERA)』(〜1995 以後廃刊)
- 『Scientific and Technical Aerospace Reports (STAR)』(〜1995 以後廃刊)

となり,アメリカ航空宇宙局(NASA)レポートやアメリカ・エネルギー省(DOE)レポートの書誌事項を調べるには,

- 『Government Report and Announcement Index. (GRA&I)』

を用いることとなった。しかし,この『GRA&I』も1996年までの刊行となり,以後は,CD-ROM による

- 『NTIS Bibliographic Database』

のみの刊行になったと記されている[2]。

このような書誌の電子化について最新の状況を把握するために,『世界 CD-ROM 総覧』などの CD-ROM に関する出版目録や,シリアル・パンフレットを発行する機関・団体のホームページ(後述)のチェック,洋書を取り扱う業者からの口コミを含めた情報の入手など日頃からの情報収集に努めたい。

利用者の要求する一次資料を自館で所蔵していない場合,国立国会図書館へコピー依頼を案内するのも一つの方法である。ただし,事前に所蔵を確認する必要がある。国立国会図書館が所蔵するテクニカル・レポートへアプローチする方法などの具体例が『国立国会図書館百科』にあげられている[3]ので,参考にするとよい。

5.6.3 収集

日本におけるシリアル・パンフレットを網羅的に掲載した二次資

料はなく,『科学技術文献速報』や『雑誌記事索引』などに収録されるものもあるとはいえ,ごく一部の限られたものにすぎない。このように,シリアル・パンフレットは図書や雑誌のような通常のルートでは入手できないものが多く,収集が困難であるため,灰色文献とされるものが少なくない。官庁刊行物や政府の外郭団体が発行するものであれば,先述した非売資料書誌を用いることとなる〔5.5.4参照〕。発行機関がわかっていれば,次のような発行機関の刊行する目録を調べるとよい。入手については,寄贈,会員配布,直接購入のいずれかと考えて,直接発行元へ問合わせるのが手っ取り早く,確実ではないだろうか。

a. **研究成果出版物目録** 総合研究開発機構(年刊)

既刊のものを含めシリーズごとに発行年月順で掲載している。それぞれの資料ごとに内容の簡単な紹介,判型やページ数のほか,入手できるものについては入手方法と価格を記載。研究機関名や書名による索引も収録。

b. **研究成果ダイジェスト** 日本労働研究機構(年刊)

当該年度に発行された刊行物を収録。本編では1資料につき1ページあてて,執筆担当者の一覧,資料の解説,目次を掲載。

これらの資料は,政府刊行物サービスセンターおよび官報販売所で入手可とされている。

図は,『ジェトロ刊行物目録 1991年〜1994年』(日本貿易振興会,1995)の記載である(図表5.49)。

これらの冊子体目録のほか,刊行物の一覧や目次をホームページ上で公開している発行機関も多い。この場合,発行元である団体・

図表5.49 『ジェトロ刊行物目録　1991年〜1994年』

〈 0030 〉　　　　　　　　　　　　　　　　BM80
　欧米主要国の清酒市場
　1991　　　　71P 21CM　　　　　　1992-03
　地場産品情報検索レポート　No.99
　1991
　B-00/VI-ND/157-01/NBJO-91　SEB920702004

〈 0031 〉　　　　　　　　　　　　　　　　BM80
　寒天の海外市場
　1991　　　　47P 21CM　　　　　　1991
　地場産品情報検索レポート　No.102
　1991
　B-00/VI-ND/153-05/NBJO-91　SEB921012004

〈 0032 〉　　　　　　　　　　　　　　　　BM80

機関の概要や連絡先，刊行物の入手方法についても案内されていることがあるので便利である。

［発行機関・団体のホームページの一例］

総合研究開発機構　　http://www.nira.go.jp/pubj/index.html
日本労働研究機構　　http://www.jil.go.jp/seika/seika.htm
日本貿易振興会　　　http://www.jetro.go.jp/pub/j/index.html
㈶自治体国際化協会　http://www.clair.nippon-net.ne.jp/HTML
　　　　　　　　　　_J/CLAIR/C_REPORT/CRNUM.HTM

　以上のような発行機関による情報のほか，次のようなものも参考にするとよい。

a．**全国各種団体名鑑**　㈱シバ　1965-　年刊

　　団体名から，その機関紙や刊行物としてタイトルを調べたり，団体や機関の連絡先を調べるのに役立つ。

b. 日本科学技術関係逐次刊行物総覧　国立国会図書館専門資料部編　国立国会図書館

　雑誌，会議録，技術レポート，新聞，通信類，紀要類，年報などを収録。4～5年くらいの間隔で改訂される。1997年版は，13,938タイトル収録。Ⅱの巻末に誌名索引あり。国会図書館未所蔵のものも含む。このほか国会図書館発行の目録では，『日本全国書誌付録(A)　小冊子の部』などにも留意したい。

　なお，先述したアメリカ政府の発行するテクニカル・レポートは，連邦政府予算で実施された研究開発に関する技術報告書や政府機関発行文献とともに米国商務省内の独立機関であるNTIS（National Technical Information Service）が収集・販売している。これらのうち1996年以前に収集されたものはマイクロフィッシュで，1996年以降は電子媒体で保持されており，「他の機関と異なり絶版ということがありえない」[4]ことが特色とされている。

　入手については，NTISのホームページで検索・発注する[5]，あるいは，レポート番号やタイトルなどの情報を把握した上で，NTIS製品取扱店へ申し込むとよい。ただし，後者では納品まで1か月強かかるようだ[6]。詳しい情報は，NTIS日本代理店であり，Dialog社製品の日本における総代理店である㈱KMKデジテックスのホームページ上で提供されている[7]。

5.6.4 排架

(1) 通常の書架へ排架する方法

後述するピジョンホールやヴァーチカル・ファイルを用いた排架方法と比較した場合，通常の書架へ排架するメリットとしては，次の点があげられる。

① 一般の図書と混排できることから，分類による排架を行った場合，同一の主題をもつ資料を同じ場所にまとめることができる。これにより，利用者は図書であれ，シリアル・パンフレットであれ，形態にかかわらず目的の主題へアプローチできる

② シリアル・パンフレットだけで別置して排架する場合，（シェルフ・ファイリング，またはオープン・ファイリングといわれる）タイトルごとに合本分，未合本分をまとめて時系列に排架することができる

その一方で，一般図書の書架へ混排する場合は，資料の薄さから生じる，目立たない，散逸しやすい，破損しやすいなどの欠点を補う必要がある。このため①と②のいずれにおいても，さらに次の3つの排架方法に分けることができる。

1）そのまま排架する

装丁が頑丈であったり，一定のページ数があれば，そのまま排架できる。さらに，一般の図書同様にブッカーをかけて排架すると傷みや汚れに対する耐久性が増すだろう。

2）パンフレット・バインダー（図表5.50）で補強して排架する

次のようなものは，パンフレット・バインダーで補強するとよい。

ア）発行間隔が長い，あるいは不定期で，内容的に永久保存扱

図表5.50 パンフレット・バインダー

(㈱伊藤伊カタログより)

図表5.51 Ｚファイル

(㈱ライオン事務器
カタログより)

図表5.52 パンフレット・ボックス

(㈱伊藤伊カタログより)

いとするもの
- イ）表紙が本紙と同一紙質のものなど，破損しやすいもの
- ウ）背文字がない，あるいは一瞥して判別できないもの
- エ）ホッチキスで止めただけの装丁など，背のないもの
- オ）ページ数が少なく，そのままでは散逸しやすいが，各号を貸出対象としたい場合

パンフレット・バインダーで補強した場合，そのまま立てて排架するのが前提であるから，表紙はもちろん，背文字を見やすく入れるようにしなければならない。

3）ファイルに収納して排架する

頻繁に発行されるものでページ数が少なく，各号を貸出対象としない場合に有効な方法である。2穴ファイルやクリアファイル，Zファイル（図表5.51）などで綴じておき，その中で永久保存とするものは一定期間後に製本するとよい。

以上，1）〜3）のいずれの排架方法をとる場合でも，パンフレット・ボックス（図表5.52）を利用するとより安定した排架ができる。

(2) ピジョンホール

通例，タイトルごとに一つの枠をあてて平積するため，受入時や資料の返却時には，迅速かつ円滑に処理できる。ただし，排架違いのチェックなどメンテナンスに手間がかかる。また，ひと枠あたりの資料数が増えると，該当号を探すのも難しくなる（図表5.53）。

(3) ヴァーチカル・ファイル

キャビネットの中で資料が垂直（ヴァーチカル）に排列されることから，このように呼ばれている。サイズやページ数がまちまちで

図表5.53 ビジョンホール

(キハラ㈱カタログより)

あっても、同様に一括して収納できるのが特徴である。しかし、フォルダの排列間違いや資料の散逸が起こりやすく見つけにくい、複数の利用者が同時に利用しにくいなどの欠点がある。そのため、カウンター内に設置しておいて職員が出納する方式をとったり、レファレンスのための事務用とするのがよいだろう（図表5.54）。

図表5.54 ヴァーチカル・ファイル

(㈱岡村製作所カタログより)

以上，シリアル・パンフレットの排架について述べてきたが，より利用されやすい排架方法を考えることが大切である。そのためには，

- 工夫を心がけ，試行錯誤を厭わない
- 日頃から利便性のよいファイル用品をチェックする
- ビジネス書としてサラリーマン向けに記されたファイリングの一般書[8]なども参考にする
- 他の図書館・図書室・資料室等を訪れる機会があれば，シリアル・パンフレットがどのように扱われているかを利用者の視点で見る

などの日常的な努力が大切である。

5.6.5 保存／廃棄

パンフレットの多くは単行本になるまでの一時的出版か，周知を急ぐ時事問題的なものの扱いに使われている[9]ため，その情報が図書の形態で出版されたり，一定の年限が過ぎた場合は，速やかに廃棄されるものである。シリアル・パンフレットの中には同様に扱われるべきものもあるが，通例は継続して保存する必要がある。長期保存する場合は，形態上，合本製本するのが望ましいが，すでにパンフレット・バインダーを用いたものについては，そのままでよい。

引用文献・注
1）日本図書館協会編『図書館用語集』日本図書館協会，1988

このほか，図書館問題研究会編『図書館用語辞典』によれば，「日本では100ページ未満のものをパンフレットとしている場合が多い。小冊子ともいう」と補足されており，渡邊正亥著『図書・図書館用語集成』では，「ふつう100ページ以下の単独に出版されたものを指しますが，あるいは80ページまでに止めているところもあります」と記されている。

2）SilverPlatter Information Inc. このほか，『NTIS (Dialog OnDisc)』The Dialog Corp. などがある。また，インターネット上でも検索が可能である。注5）を参照。

3）国立国会図書館図書館百科編集委員会『国立国会図書館百科』出版ニュース社，1988, p. 160-163

4）山本順一「アメリカの政府刊行物」『書誌索引展望』10(1)：p. 26, 1986

5）http://www.ntis.gov/databases/techrpts.htm
　1990年以降の35万件が検索可能（2000年1月現在）。

6）『National Technical Information Service の情報製品』㈱KMK デジテックス（同社ホームページ上で入手できる PDF 版カタログ）

7）http://www.digitex.co.jp/
　ここでは，次のような情報が提供されている。
　　・NTIS 製品取扱店リスト　　・NTIS 提供文献タイトルの案内
　　・NTIS 製品価格表　　　　　・売れ筋情報

8）野口靖夫著『ファイリングがわかる事典』日本実業出版社，1995
　野口靖夫著『図解　ファイリングの方法』日本実業出版社，1998　など

9）渡邊正亥著『図書・図書館用語集成』近畿大学印刷局，1983

6. 逐次刊行物の目録

　1970年代の初頭に ISBD（International Standard Bibliographic Description, 国際標準書誌記述）が出現し，1977年ごろ各種資料種別ごとの ISBD が出そろって以来，あらゆる資料形態に属する資料の記述は同じ基準に基づいて行われることになった。図書，楽譜，音楽 CD，ビデオ，コンピュータファイル，点字資料，逐次刊行物等には，すべて同様の構造，同様の詳しさ，同じ順序で記述が作成されることになった。また1978年に刊行された「英米目録規則第2版」が，標目については資料種別ごとの差異を設けずに与えるという方針を定めた。それまでの目録が図書中心であり，視聴覚資料や逐次刊行物についてはほんの申しわけ程度の規則にすぎなかったことから考えると，このような70年代における変化は画期的なことであった。さらに日本では，「日本目録規則　1987年版」において書誌階層，書誌単位という概念が導入され，書誌単位に基づく記述の作成が原則となった。これは欧米では明示的には示されていないとはいえ，伝統的に行われてきたことであり，結果としてこの伝統にほぼ合致することとなった。この章では逐次刊行物の目録について解説するが，以上のような経過を念頭において述べていく。「日本目録規則　1987年版改訂版」（以下，原則として単に「日本目録規則」と省略）に即して逐次刊行物の目録を解説するが，この規

則は ISBD(S) (*International Standard Bibliographic Description for Serials. Revised ed.*, 1988) (国際標準書誌記述 (逐次刊行物用)) にほぼ準拠している。

この章では記述に関する規則を中心に述べる。標目についてはどの資料についても全く同じ基準が適用されるので、逐次刊行物において特に留意する必要のあることしか解説しない。

6.1 目録規則からみた逐次刊行物

日本目録規則では逐次刊行物に対し、「一つのタイトルのもとに、終期を予定せず、巻次・年月次を追って継続刊行される出版物で、その媒体は問わない。逐次刊行物には雑誌、新聞、年報、年刊、団体の紀要、会報、番号づけのあるモノグラフ・シリーズなどがある。通常、継続的に刊行される各号は、モノグラフ・シリーズや雑誌の特集号、別冊など以外に、固有のタイトルを持たない」という定義を与えている。ポイントは「終期を予定せず継続刊行される」という点にある。

あらゆる資料は、終期を予定せずに継続刊行されるか、あるいは一定の数量で完結しているかによって、逐次刊行物と単行資料に二分される。単行資料も、1点だけからなる資料と、上下本や全集のように複数点から成り立つ資料とに分かれる。後者では、現時点では完結していない場合もあり、書誌的な不安定性という面で逐次刊行物とやや似た状況が生じる。なお、ある逐次刊行物が終刊した場合もそのまま逐次刊行物とみなされる。

6.2 日本目録規則第Ⅰ部「記述」における逐次刊行物規則の位置づけ

日本目録規則の第Ⅰ部「記述」においては，以下のような章立てになっている。

第1章　記述総則
第2章　図書
第3章　書写資料
第4章　地図資料
第5章　楽譜
第6章　録音資料
第7章　映像資料
第8章　静止画資料
第9章　コンピュータファイル
第10章　博物資料
第11章　点字資料
第12章　マイクロ資料
第13章　逐次刊行物

まず第1章に記述総則がある。この章ではすべての資料に対し共通に適用される記述の基本原則が盛り込まれている。そして第2章から第13章までは各種資料種別ごとの章が続く。逐次刊行物は最後の13章に位置づけられる。なぜ最後なのか。それは，第2章から第12章までと「第13章　逐次刊行物」とでは資料種別の区分特性が異なるからである。第2章から12章までは，資料の媒体別区分によっ

て分けられているのに対し，第13章の逐次刊行物だけは，先の定義によってわかるように刊行方式によって区分されている。媒体は固定されていないがゆえに，地図資料の逐次刊行物もあれば，映像資料の逐次刊行物も存在するのである。第2章から第12章までは単行資料としての各種資料が媒体ごとに分けられている。そして例えば地図資料の逐次刊行物を記述するときは，基本的に第13章を用い，第4章を併用することになる。雑誌や新聞といった印刷物の逐次刊行物の場合，組み合わせて使用する章が存在しないので，第13章だけで記述が可能なようになっている。なお，当該資料の媒体が属する章，逐次刊行物の章とともに，「第1章 記述総則」は常に参照することになる。このような章立て構造は「英米目録規則 第2版」において初めて実現されたが，よく考えられたものであった。

ちなみに，「第11章 点字資料」，「第12章 マイクロ資料」がなぜこの位置にあるかというと，両章は資料の媒体別区分ということでは変わりがないが，それぞれオリジナルな資料よりは，他の資料種別にルーツをもつようなケースが多く（例えば図書を点字化するとか，地図をマイクロ化するというぐあいに），他の章と組み合わせて用いることが多いからである。

6.3 逐次刊行物の書誌的特性

逐次刊行物は，終期を予定せず継続刊行される出版物であるから，出版者が変更になるとか，刊行頻度が変わるとかいった，書誌的事項の変化が起こりうる。逐次刊行物の記述における最大の難関はこの書誌的な不安定性にどう対応するかにある。問題点は2つある。

一つは本タイトルの変更というような大きな変化をどう扱うか，もう一つはどの号に基づいて記述を作成するのかという問題である。いずれも難問であるが，ISBD(S)の標準第1版（1977）は両者に対し明快な方針をうち立てた。詳細は以下の節で述べるが，日本目録規則もこの方針をほぼそのまま踏襲している。

6.4 記述

「日本目録規則 1987年版改訂版」をもとに解説する。ただし，日本目録規則ではISBDのエリアに相当するものが「〜に関する事項」となっており表現しにくい。同じくISBDにおける要素（element）に相当するものの呼称もない。したがって，以下の解説ではエリア，要素という呼称を用いることにする。説明のための実際的な便法として，図書と対比する手法を随所で用いることとする。また日本目録規則の平板な解説ではなく，できるだけ規則の意図するところを「読む」ように心がけた。したがって論評的な部分が入っているが，その部分は極力分離できるようにしたつもりである。紙数の関係上，また論評的な部分を含んでいるゆえに，規則の代用を果たすようなものではない。日本目録規則と併用していただきたい。なお，日本目録規則の規定を引用した場合は，カッコの中に規則条文番号を添えている。

6.4.1 通則
(1) 記述の対象とその書誌レベル

逐次刊行物をさらに区分すると，各号が固有のタイトルをもたな

いものと，もつものに分かれる。後者をモノグラフ・シリーズという。モノグラフ・シリーズの記述に関しては，実は日本目録規則でははっきりしない。単行レベルを中心に記述すれば，モノグラフ・シリーズ全体はシリーズの中に納められることになり，図書を例にすれば，図書か逐次刊行物かいずれの規則を採用したかはあいまいなままで済む。しかし，モノグラフ・シリーズ全体としての記述（つまり集合レベルの記述）を作成すれば，いずれを用いるかをはっきりさせなければならない。日本目録規則では，「逐次刊行物は，原則として集合レベルの記録は作成しない」（§1.0.2.4）としているが，目録作成機関によっては書誌レベルごとに分割した書誌的記録を作成するところもある。このようなケースをみてみると，モノグラフ・シリーズ全体としての記述は，事実上図書の規則が用いられているように思われる。

　さて記述の対象であるが，「原則として逐次刊行物，すなわち，同一の本タイトルを継承する終期を予定しない一連の刊行物の全体を記述の対象とする」（§13.0.2.1），と規定されている。先に述べたようにモノグラフ・シリーズは多くの場合，逐次刊行物規則の対象とならず，各号が固有のタイトルをもたない場合に逐次刊行物規則が適用されることがほとんどである。各号が固有のタイトルをもたない逐次刊行物の場合，書誌単位という観点で考えれば，各号は書誌単位ではなく物理単位にすぎない。そして逐次刊行物全体として初めて，物的に独立した最小の書誌単位つまり基礎単位を形成する（厳密にはさらにそのうちの逐次刊行単位となるが）。日本目録規則では，原則的には物理単位は記述の対象外であり，書誌単位の

みを記述の対象とし、さらに基礎単位を記述の中心に据える。またモノグラフ・シリーズの場合を考えても、各号は単行資料であり、全体として初めて逐次刊行物になるのであるから、各号ではなく全体を記述するのは当たり前である。以上のことから逐次刊行物全体を記述の対象とする、ということは当然の帰結である。

(2) 本タイトルの変更

本タイトルに変更が生じた場合は、別途新しい書誌的記録を作成する（§13.0.2.1A）。先に述べたように、逐次刊行物は書誌的に不安定である。多くの書誌事項が変化する可能性がある。しかし、非常に大きな変化が起こった場合（つまり本タイトルが変わってしまった場合）、一つの逐次刊行物とみなすよりは、別々の逐次刊行物と見なした方がよいという判断である。これはあくまで目録規則上の扱いであり、出版流通界などでこういう判断が必ずしもあてはまるわけではないので注意が必要である。しかし本タイトルの変更以外のさまざまな変化（例えば、出版地、編者、刊行頻度等の変化）に関しては、同じ逐次刊行物とみなした上で、変化の過程を注記に記録することにより逐次刊行物全体を記述しようというのである。

ただし、どこまでを本タイトルの変更と扱うのかという政策の問題は厄介である。次の場合に本タイトル（総称的な語のタイトルにおける責任表示を含む）に変更があったとみなし、別途新しい書誌的記録を作成することにしている（§13.0.2.1B）。

ア）主要な語を他の語に変えたり、追加または削除したとき

イ）語順に変化が生じたとき

つまり，かなを漢字に変更したり，旧漢字を常用漢字に変更したりというような軽微な変更は，本タイトルの変更とみなさないという原則である（例えば，『東亜之光』が『東亜の光』に変わっても変更と見なされない）。これは軽微な変更をすべて本タイトルの変更扱いとし，別々の書誌的記録を作成すれば，いたずらにタイトル数の増大を招き，検索上，管理上も不便であるという現実的な判断の結果である。ただし，軽微かどうかの線引きが難しいのでその点を考慮して，別法では「句読法等の変化以外の変化は，すべて変更と見なす」，としている。

(3) **記述の情報源－記述の基盤**

逐次刊行物の記述における2番目の大きな問題が，記述の基盤をどの号に求めるかという点にある，というのは前に述べた。逐次刊行物の記述を作成しようと思えば，多くの号のうちともかく記述を作成する立脚点となる号が必要である。そしてその号に基づいて注記を除く記述本体を作成し，それと異なる書誌事項をもつ号があれば，注記でそれらを記録し，そうすることによって，逐次刊行物全体を記述する，このような方法をISBD (S) や日本目録規則は採用している。

「記述の基盤は，初号（本タイトルの変更があった場合は，変更を行った最初の号）とする。初号の情報が不明のときは，最初に入手可能な号による。初号以外を記述の基盤とした場合は，基盤としたものの巻次を注記する」(§13.0.3.1)。これには，逐次刊行物の初号の書誌的事項はとりわけ不安定で初号を基盤にすることは問題が多い，記述本体が最新の状態を反映していない，とする批判が

あった。しかし，途中の号あるいは最新号を記述の基盤とすれば，目録作成機関ごとに記述の本体が同じにならず，AとBという2つの逐次刊行物が同じかどうかという識別機能に支障が起こる可能性が高い。記述本体をどの目録作成機関が作ったものも同じになるようにするとすれば，多少の問題はあっても初号に基づくしかない，また最新号に基づくなどとすれば記述本体を絶えず書き換えなければならない，というような判断が働いたのであろう。そういう判断の結果であるにせよ，記述本体が最新の状態を反映していないということは，確かに大きな欠点ではある。本タイトルこそ変更がないが，その他の書誌事項が大幅に変更されたような逐次刊行物であれば，記述本体を見ても，一見別の逐次刊行物であるかのような誤解を与えることもあるであろう。例えば，図表6.3では，「図書館雑誌　／　日本文庫協会〔編〕」となっているが，これなど現在刊行中の『図書館雑誌』のことであるかどうか判断に迷うであろう。

(4) **記述の情報源－記述のよりどころとする情報源**

下記のように印刷資料と非印刷資料とで，よりどころとする情報源に関する規定が異なっている（§13.0.3.1）。

ア）印刷資料の逐次刊行物
　(1) 表紙または標題紙のあるもの
　　①表紙，標題紙，背，奥付
　　②逐次刊行物の他の部分
　　③その逐次刊行物以外の情報源
　(2) 表紙および標題紙のないもの
　　①題字欄

②逐次刊行物の他の部分

③その逐次刊行物以外の情報源

イ）印刷資料以外の逐次刊行物　関連する各章において規定するところによる。

まず逐次刊行物では標題紙以上に表紙が優先されている。これは印刷物としての逐次刊行物の多くの割合を占める雑誌や紀要などの実態を重視した結果であろう。また新聞のように表紙も標題紙もない場合も多いので，それらに対応するような規定が盛り込まれている。

(5) 複製物の扱い

「複製物は複製の対象とした原逐次刊行物ではなく，記述対象資料そのものを情報源とする。ただし，一部の書誌的事項については原逐次刊行物の情報を記録する」（§13.0.3.1A）。この規定の前半部は「複製資料の記述は目の前にある複製物自体に基づくのであって，複製の対象となった原資料に基づくのではない」とする，一般的な複製物に関する取り扱いの原則どおりである。もし複製物のタイトルや責任表示が原資料と異なっていれば，複製物の方を採用し，原資料のそれらは注記に記録することになる。しかし，後半部は例外的な扱いであり，「巻次，年月次に関する事項」がこれにあたる。巻次，年月次に関しては，複製物の方を採用せず，原資料のそれを採用し，複製物の方は注記に記すことになる。

(6) 記述すべき書誌的事項とその記録順序

記述すべき書誌的事項とその記録順序は，次のとおりである（§13.0.4）。

ア) タイトルと責任表示に関する事項

イ) 版に関する事項

ウ) 巻次, 年月次に関する事項

エ) 出版・頒布等に関する事項

オ) 形態に関する事項

カ) シリーズに関する事項

キ) 注記に関する事項

ク) ISSN, 入手条件に関する事項

図書を含め記述総則における規定とほぼ同様であるが, 最も大きな特徴は, ウ) の「巻次, 年月次に関する事項」の存在である。このエリアは, 一般に「資料 (または刊行方式) の特性に関する事項」と呼ばれるエリアであり, 資料種別によって特に必要となる書誌事項を記録するために用意されている。地図資料, 楽譜, コンピュータファイル, 博物資料, 逐次刊行物の5章で, このエリアが使用されている。逐次刊行物の場合は, 巻次, 年月次が特有の情報として重要であるから, これを記録するために充てられている。その他, ク) において, 図書の場合は ISBN (International Standard Book Number, 国際標準図書番号) を記録するのに対し, 逐次刊行物では ISSN (International Standard Serial Number, 国際標準逐次刊行物番号) を記録することになっている。

(7) 記述の精粗

図書などと同様, 精粗にかかわる3つの水準を設けている (§13.0.5)。標準の第2水準だけを紹介する。

第2水準 (標準の書誌的事項)

本タイトル□〔資料種別〕□：□タイトル関連情報□／□責任表示.□-□版表示.□-□巻次□(年月次).□-□出版地または頒布地等□：□出版者または頒布者等,□出版年または頒布年等.□-□特定資料種別と資料の数量□；□大きさ□+付属資料.□-□(本シリーズ名,□シリーズのISSN□；□シリーズ番号.□下位シリーズの書誌的事項).□-□注記.□-□ISSN

図書と比べてわずかな違いはあるが,ほぼ同様のエリア,要素があがっている。各エリア,各要素を区切る区切り記号法はISBD(S)どおりである。

6.4.2 タイトルと責任表示に関する事項(§13.1)

①本タイトル,②資料種別(任意規定),③並列タイトル,④タイトル関連情報,⑤責任表示,の各要素がこの順序で記録される。このうち①,②,④,⑤が第2水準の記述要素である。

(1) 本タイトル

逐次刊行物(特に雑誌・紀要類)では,『研究報告』や『紀要』といった総称的なタイトルが多く見受けられるが,これらはそのまま本タイトルとして認められる。また『日本学会』など団体名のみのもの,『A+U』など数字や略語のみのもの,『季刊人類学』など刊行頻度を含むものも本タイトルとして認められる(§13.1.1.1)。しかし,本タイトルの認定は実際にはそれほど簡単ではない。表紙に研究報告が大きく掲載され,その上に発行団体が小さく表示されているようなケースでは,団体名に研究報告を続けたものが本タイトルなのか,本タイトルは研究報告のみで,団体名は責任表示とし

て扱うのか,といった判断の難しい場合が多数ある。刊行頻度を含むようなタイトルも同様であり,刊行頻度が小さな文字でタイトルと切り離された状態で表示されているときなどは,刊行頻度を含むようなタイトルかどうかの判断が難しい[1]。

(2) 部編名

「一つの逐次刊行物が,部または編に分かれて刊行されているときは,それぞれの共通するタイトルのあとに部編名を記録する」(§13.1.1.1A)。

　　農業技術研究所報告. A,物理統計

逐次刊行物では,部編名がよく現れるが,部編名は本タイトルの一部として扱われ,共通するタイトルのあとピリオドで区切り,続けて記録する。

ただし,「部編名が共通するタイトルのもとに表示されず,独自のタイトルとしての形態をなしているときは,部編名を本タイトルとし,共通するタイトルをシリーズ名として記録する」(§13.1.1.1B)と定めており,表示上,形態上,部編名の独立性が高いときは,部編名を本タイトルとし,共通するタイトルをシリーズ名として記録することになる。

　　国際基督教大学学報Ⅰ-A　教育研究　→　教育研究

(3) 並列タイトル

「所定の情報源に並列タイトルがあるときは,本タイトルのみを記録し,並列タイトルは注記する」(§13.1.3.2)。並列タイトルとは,本タイトルに対して別言語あるいは別文字で記録されたタイトルのことである。記述総則や図書の場合,並列タイトルは原則とし

て記述を行ったが(ただし第2水準では記述要素に含まれていない)，逐次刊行物の場合は，所定の箇所で記録せずに注記で記録することになる。

(4) 責任表示

責任表示に関しては，個人編者の扱いが記述総則や図書の場合と異なっており，「個人編者は原則として記録せず，注記する」(§13.1.5.1A) ことになっている。ISBDの趣旨では，エリアと要素は記録するか省略するかのどちらかであり，定位置とは異なるところに記録するのは本来おかしいのだが，雑誌等の個人編者はあまり大きな意味をもたないことが多いという，現実的な判断の結果であろう。なお，「英米目録規則　第2版」でも同様の規定がある。

環境と公害　(注記として,「編者：都留重人，鈴木武夫，清水誠」)

責任表示として記録する団体の名称が，内部組織を含めて表示されているときは，内部組織名を省略する (§1.3.1.5.2D) とあり，総則や図書とは異なる扱いとなっている。

大学と学生　文部省高等教育局学生課編　→　大学と学生　／　文部省編

記述における転記の原則からすれば明らかにおかしい規定である。逐次刊行物の編集団体等に関する所定の情報源に現れた事実関係をあるがままには表現しないことになる。ISBD (S) や「英米目録規則　第2版」にはこのような規定はない。識別上も困る。次のようなケースでは，2つの逐次刊行物を区別できないことになる。

研究報告　東京教育大学理学部地質学鉱物学教室編
研究報告　東京教育大学理学部編

6.4.3 版に関する事項 (§13.2)

①版表示,②特定の版にのみ関係する責任表示,③付加的版表示,④付加的版にのみ関係する責任表示,の各要素を記録する。このうち①だけが第2水準の記述要素である。記述総則および図書では,②も第2水準の記述要素であるが,これ以外では特に違いはない。

考古学雑誌　／　日本考古学会編. ― 〔複製版〕
地下鉄. ― 縮刷版

逐次刊行物の版表示の例としてよく現れるのは,複製版,縮刷版,言語による版などである。

6.4.4 巻次,年月次に関する事項 (§13.3)

①巻次,②年月次,の各要素が記録される。いずれも第2水準の記述要素である。逐次刊行物特有の書誌事項として,初号から終号までの巻次と年月次に関する情報を記録する。例えば,本タイトルが何度か変遷を遂げた結果,以前と同じ本タイトルになることがあるが,このような場合,このエリアで容易に識別できることになる。先にも述べたように,複製物の場合は原逐次刊行物の巻次,年月次を記録する。このエリアは客観的な書誌事項としての初号から終号までの情報を記録するのであり,各館の所蔵する巻次,年月次とは全く別ものである。所蔵の巻号に関しては,あとに述べる所蔵事項というところに記録する。年月次と出版年月とは,別の書誌事項であり混同してはならない。「1995年1月号」や「1998年秋」などのような表現が年月次である。これと出版年月とは必ずしも一致しない。

改造. －　1巻1号（大正8年4月）-36巻2号　（昭和30年2月）

刊行中のものについては，初号についてのみ記録する。

　世界. －　1号（昭和21年1月）-

巻次を継続しつつ本タイトルの変更があった場合，変更後の逐次刊行物においては初号が中途の巻次になる。

　図書館文化史研究　／　図書館史研究会編. －　13号（1996）-

2以上の巻次，年月次の表示方式があるときは，次のように「＝」でつないで記録する（通号もこの扱いとなる）。

　図書館界　／　日本図書館研究会編. －　Vol.1, no.1 ＝　通巻1号（1947）-

新たな一連の巻次に変更された場合，次のように「；」で各々を区切って記録する。

　世界経済評論. －　26号（昭和31年6月）-57号（昭和34年12月）；　4巻1号（昭和35年1月）-

6.4.5　出版・頒布等に関する事項（§13.4）

①出版地・頒布地等，②出版者・頒布者等，③出版年・頒布年等，④製作地，⑤製作者，⑥製作年，の各要素を記録する。①，②，③が第2水準の記述要素である。

出版年は，初号の出版年と終号の出版年をハイフン（-）で結んで記録する。刊行中の場合は，初号の出版年にハイフンを付して記録する。

　比較法研究　／　比較法学会編. －　1巻1号（1950年10月）-．－　東京　：　比較法学会，　1950-

6.4.6 形態に関する事項 (§13.5)

①特定資料種別と資料の数量, ②その他の形態的細目, ③大きさ, ④付属資料, の各要素を記録する。①, ③, ④が第2水準の記述要素である。②は使用しない。

特定資料種別と資料の数量に関しては, 印刷資料の場合, 特定資料種別の名称は記録せず, 数量として冊数のみを記録する。刊行中のときは数量を空欄とし,「冊」のみを記録し, 刊行完結後に数量を記録する。印刷資料以外の場合は, 各種資料の該当する章で定めている特定資料種別名と数量を記録する。なお, 特定資料種別とは, タイトルおよび責任表示に関する事項中の資料種別とセットになった用語で, 後者がその資料の属するおおまかな資料種別を記録するのに対し, もっと特定的な細かい資料種別を指し示すものである。ISBDでは, 後者を general material designation, 前者を specific material designation といい, ISBDの用語の方が各々の性格をわかりやすく表現している。要するに2段階構えで資料種別を表現しようというわけである。本来資料種別も形態にかかわる要素であるので, このエリアで記録すべきことがらなのだが, とりわけ非印刷資料の場合, 早期に資料種別を利用者に知らせる方がよいという判断から, 本タイトルの直後に置かれるようになったものである。

48冊 ; 26cm

6.4.7 シリーズに関する事項 (§13.6)

①本シリーズ名, ②並列シリーズ名, ③シリーズ名関連情報, ④シリーズに関する責任表示, ⑤シリーズのISSN, ⑥シリーズ番号,

⑦下位シリーズの書誌的事項，の各要素を記録する。①，⑤，⑥，⑦が第2水準の記述要素である。

逐次刊行物に特有な規定はなく，記述総則どおりとなっている。

　法学研究　／　明治学院大学文経学会〔編〕. － …… －（明治学院論叢）

　ある逐次刊行物がさらに上位の書誌単位に属している場合である。なおこの例では，上位の書誌単位である明治学院論叢は逐次刊行物であるが，逐次刊行単位ではなく集合単位となる。逐次刊行物がさらに上位の書誌単位に属している場合，処理方法は2つある。一つは，この例でいえば，明治学院論叢に続けて，法学研究を部編名扱いとし，「明治学院論叢．法学研究」を本タイトルとする方法であり，もう一つは上の例のように，「法学研究」で独立した記録を作成し，「明治学院論叢」を上位の書誌単位とする方法である。後者の場合，さらに上位の書誌単位をシリーズとするか，多段階記述様式を用いて完全な記述を作るかの2つに分かれるが，「6.4.1　記述の対象とその書誌レベル」でも指摘したように，日本目録規則ではシリーズとする方法を原則と定めている。また部編名扱いとするか，シリーズ扱いとするかは，「6.4.2　部編名」で述べたように，表示上，形態上の独立性にかかっている。

6.4.8　注記に関する事項（§13.7）

　このエリアは要素に分かれていない。すなわち目録規則だけに基づいていたのでは，このエリアの中に複数の記録項目があったとしても，それらの内容を機械的には識別できないことになる。それで

はコンピュータによる処理上，検索上不便を来すことがあるので，目録作成機関によっては，独自に項目別に識別できるようにしているところもある。とりわけ逐次刊行物の場合，定型的な注記パターンがあるので，定型的な各項目をできるだけ分離して認識できるようにしておくのが望ましい[2]。

以下では，逐次刊行物特有の事項について解説する。

(1) **刊行頻度**（§13.7.3.0）

刊行頻度がタイトルと責任表示に含まれていないときは，表示された刊行頻度を注記する。刊行頻度は，「日刊」，「隔日刊」，「週刊」，「旬刊」，「半月刊」，「月刊」，「隔月刊」，「季刊」，「半年刊」，「年刊」，「月（年）○回刊」，「○年刊」，「不定期刊」等の表示を用いる。

 刊行頻度：　季刊

(2) **タイトル**（§13.7.3.1）

①所定の情報源以外からタイトルを記録したときは，その情報源を注記する。

 タイトルの情報源：　欄外

②別の形のタイトルがあるときは，別の形のタイトルとその情報源を注記する。

 別のタイトル：　大阪府立大学紀要. 工学・自然科学　（情報源は奥付）

③日本語と外国語のタイトル（ローマ字表記の日本語を含む）があるときは，外国語のタイトルを注記する。

 英語のタイトル：　Medical libraries

④翻訳誌等の場合は，もとの逐次刊行物のタイトルおよびISSN

を注記する。

　原タイトル：　Economic and social survey of Asia and Pacific.　－　ISSN 0252-5704

　⑤複製物のタイトルが原逐次刊行物のタイトルと異なるときは、もとのタイトルおよびISSNを注記する。

(3) **責任表示**（§13.7.3.1A）

　①主筆、同人等、個人編者が標題紙等に表示されているときは、これを注記する。

　これは、責任表示において「個人編者は原則として記録せず、注記する」とある規定を受けたものである。

　環境と公害　（注記として、「編者：都留重人、鈴木武夫、清水誠」）

　②責任表示に変化があった場合は、これを注記する。

　責任表示変更：　日本科学技術情報センター　（9巻1号-39巻6号）→科学技術振興事業団科学技術情報事業本部　（39巻7号-　）

(4) **版および書誌的来歴に関する注記**（§13.7.3.2）

　タイトル変遷をはじめとする、逐次刊行物特有の注記を含み、重要な部分である。

　①タイトル変遷による注記

　1）継続

　タイトル変更があった場合、新旧相互の書誌的記録にそれぞれ対応するタイトルおよびISSNを注記する。

・1タイトルが1タイトルに変遷する場合

　継続前誌：　ドクメンテーション研究.　－　ISSN 00125180（新記録）
　継続後誌：　情報の科学と技術.　－　ISSN 09133801（旧記録）

「ドクメンテーション研究」が「情報の科学と技術」にタイトル変更した。

・複数タイトルが1タイトルに変遷する場合

継続前誌: 芸苑 ; めざまし草（新記録）
継続後誌: 芸文（それぞれの旧記録）
「芸苑」と「めざまし草」が合併して,「芸文」になった。

・なお，規則には書かれていないが，1タイトルが複数タイトルに変遷する場合もある。

継続前誌: 環境白書（それぞれの新記録）
継続後誌: 環境白書. 総論 ; 環境白書. 各論（旧記録）
「環境白書」が枝分かれして,「環境白書. 総論」と「環境白書. 各論」になった。

2）吸収

一つの逐次刊行物が一つ以上の他の逐次刊行物を併合し，もとのタイトルを保持しているときは，相互の書誌的記録にそれぞれ対応するタイトルおよびISSNを注記する。

吸収前誌: 地理（新記録）
吸収後誌: 地理学評論. ― ISSN 0061-7444（旧記録）
「地理」が,「地理学評論」という別に存在していた逐次刊行物に吸収されてなくなった。

3）分離

一つの逐次刊行物から一つ以上の新タイトルをもつ逐次刊行物が分離したときは，相互の書誌的記録にそれぞれ対応するタイトルおよびISSNを注記する。

派生前誌: 企業会計. ― ISSN 0386-4448（新記録）

派生後誌: 原価計算（旧記録）

「企業会計」から「原価計算」が分離した。「企業会計」は分離後も継続刊行されている。

②逐次刊行物の休刊が明らかなときは注記する。

休刊: 7巻13号（1996.12）をもって休刊

(5) 巻次，年月次に関する注記

巻次，年月次について説明する必要があるときは注記する。

号外: 昭和32年9月，昭和47年3月

(6) 出版・頒布等に関する注記

出版・頒布等に関する注記は，それぞれの資料の該当する章での規定に準じて注記する。

出版者変更: 平凡社（1-15） → 山川出版社 （16- ）

(7) 形態，シリーズ，内容に関する注記

記述総則において，それぞれ該当する規定に準じて注記する。

6.4.9 ISSN, 入手条件に関する事項（§13.8）

①ISSN, ②キイ・タイトル（任意規定），③入手条件・価格（任意規定），の各要素を記録する。①だけが第2水準の記述要素である。

ISSN 0027-9153

第2水準の記述要素ではないが，キイ・タイトルが2番目の要素としてあがっている。これは，ISDSが逐次刊行物に対して与えた個別化のためのタイトルである。ISSNとキイ・タイトルはセットになって与えられる。キイ・タイトルは概ね本タイトルと同じ形で

あるが，逐次刊行物を個別化するものであるから，本タイトルだけでは個別化できないときは，発行団体名，出版地，版表示等を付して表わす。また ISDS とは，International Serials Data System の略で，1973年に設立された逐次刊行物の国際的な登録システムであり，ユネスコとフランス政府の協力によりパリに国際センターが設けられ，日本では国立国会図書館内に国内センターが置かれている。国内センターは，逐次刊行物に ISSN を付与すると同時に，その書誌情報を記録し，国際センターに送付する。なお，現在 ISDS は ISSN 国際センターおよび ISSN ネットワークと呼ばれている[3]。ISBD (S) との間で書誌的事項に関する調整も行われており，逐次刊行物を語る上での重要な団体である。

6.4.10 所蔵事項 (§13.10)

この事項は ISBD (S) ではエリアとして存在しない。また日本目録規則における，§13.0.4 (記述すべき書誌的事項とその記録順序) においても，所蔵事項は記載されていない。つまり正規の書誌的事項ではない。日本目録規則では，一見各エリアと同じような記録方式がとられているが，他のエリアとは全く別ものであるので注意しなければならない。「所蔵している逐次刊行物の巻次，年月次やその他，各図書館等の個別の情報を記録する」とあり，客観的書誌情報ではなく，図書館ごとのローカルな所蔵巻号等を記録するということである。この事項が目録規則において規定される必然性は必ずしもないし，またこの位置で規定されなければならないわけでもないが，各館における作業指針となるよう，便宜上規定に盛り込

まれていると考えられる。

①所蔵巻次，所蔵年月次，②合綴製本の数量（任意規定），③保存期間（任意規定），の３種類のことがらを記録する。

情報の科学と技術　／　情報科学技術協会〔編〕．－ Vol. 37, no. 1 (1987.1) - ． － 東京：情報科学技術協会，1987- ． － 冊　；　26cm．－　刊行頻度：月刊．－　継続前誌：ドクメンテーション研究．－　ISSN 00125180．－　ISSN 09133801
所蔵：Vol. 37, no. 1 (1987.1) -Vol. 40, no. 12 (1990.12)

6.4.11 記述実例

図書館年鑑　／　日本図書館協会編．－　1982 (1982) - ．－　東京：日本図書館協会，1982- ．－　冊　；　27cm

ドクメンテーション研究　／　日本ドクメンテーション協会〔編〕．－ No. 49 (1958.9) -no. 49 (1958.9) ; vol. 9, no. 1 (1959.1) -vol. 36, no. 12 (1986.12)．－　東京：日本ドクメンテーション協会，1958-1986．－　337冊　；　26cm．－　刊行頻度：月刊．－　責任表示・出版者変更：日本ドクメンテーション協会 (Vol. 1-vol. 36, no. 7) →情報科学技術協会 (Vol. 36, no. 8-)．－　継続前誌：UDC information．－　継続後誌：情報の科学と技術．－　ISSN 09133801．－　ISSN 00125180

国立民族学博物館研究報告　／　国立民族学博物館編．－　1巻1号 (1976.3) - ．－　吹田：国立民族学博物館，1976- ．－　冊　；　26cm．－　刊行頻度：季刊．－　ISSN 0385-180X

6.5 標目

標目に関しては，どのような資料種別であっても，同一の標目に関する規則（日本目録規則第Ⅱ部）が適用されるので，逐次刊行物特有の規定はもちろん存在しない。タイトル標目，著者標目，件名標目，分類標目をそれぞれの規定にしたがって選ぶことになる。往々にして逐次刊行物の標目は，図書に比べてぞんざいに扱われることが多い。しかし，逐次刊行物も図書もその他の資料も，同じ図書館資料であり，等しく利用者に提供していくものであることを考えると，すべて同じ基準で標目を与えるのが望ましい。

日本目録規則における標目の規定は，基本的にカード目録を想定している。大多数の図書館がコンピュータ目録を作成している今日，上記4種類の標目だけでは，十分な検索手段を提供しているとはいい難い。コンピュータ目録においては，標目だけでなく，記述中のすべての項目から検索するような手段を講じることが可能であるということから，アクセスポイントという標目を拡大した概念がある。逐次刊行物の場合も，タイトルの記述形（多くの場合漢字形となる），タイトル中のキーワード，出版者，ISSNといったさまざまな項目から検索できるようにシステムを構築するのが望ましい。

逐次刊行物の場合，とりわけ件名標目，分類標目といった主題標目が軽視される傾向にある。確かに逐次刊行物は，単行資料に比べて扱う主題範囲が広い場合が多く，主題検索の必要性がそれほど高いとはいえない。しかし，さまざまなレベルの資料要求があるのである。図書館員の主観的判断だけで，主題標目を与える必要がない

といいきれるものではないと思う。主題の広がりが大きい分，主題標目を与える困難さも少ないといえるし，それぞれの資料に過不足のない主題標目を与えるべきである。

6.6 逐次刊行物目録を作成する上でのさまざまな問題

もはや大多数の図書館がコンピュータ目録を採用している。以下の話は概ねコンピュータ目録を前提としてすすめる。

6.6.1 逐次刊行物だけの目録か，資料全体を一括して検索できる目録か

20年ほど前までは，この問題が論議を呼んだが，今日ではほぼ決着済みと考えられる。つまり資料全体を一括して検索できることが望ましいということである。資料形態が非常に多岐におよんでいる今日，資料種別ごとの検索しかできないのでは大変不便である。資料種別を問わずに検索したい場合も多々あるであろう。さらに，逐次刊行物に関していえば，たとえ特定の資料を探したい場合でも，自分の探している資料が図書か逐次刊行物かの区別がつきにくいケースはいくらでもある。公共図書館では，多くのところが，逐次刊行物だけの目録を作成し，かつ非常に簡略なものしか提供していないことが多い。逐次刊行物に対するお供えもの的扱いはぜひ改めたいものである。

コンピュータ目録では，最初のファイル設計が大事である。このときに，書誌ファイルを逐次刊行物と単行資料とでファイルを分ける場合が多いだろう。しかし，その場合も検索は共通にできるよう

にすべきである。もちろん逐次刊行物だけの検索ができてもよい。しかし，全資料の一括検索はぜひとも必要である。

6.6.2 保存する逐次刊行物と保存しない逐次刊行物の問題

　これに関しては，①長期保存するかどうか，②製本するかどうか，③備品として登録するかどうか，という問題とかかわる。保存や製本は資料ごとの実態に応じて判断することになるが，長期保存するかどうか，製本するかどうかにかかわらず，資料検索としては，すべて一括して検索できるのでなければならない。製本して備品登録したものに対してだけが通常の検索ができ，登録されていないものは，例えば継続受入雑誌リストのようなもので，別途検索しなければならないとしたら大変不便である。

　こういったものを一括検索するためには，レコード作成の単位を「備品として登録した単位」だけに固定してしまっては具合悪い。例えば，「逐次刊行物全体としての単位」－「製本単位」というように分離することが考えられる。前者が逐次刊行単位であり，後者は物理単位的なものとなる（本来の物理単位は，逐次刊行物の1号1号である）。所蔵事項は逐次刊行単位に記録する。製本しない逐次刊行物であれば，製本単位は存在しないことになるし，長期保存しない逐次刊行物は，所蔵事項にその旨記録すればよい。こういう方法で逐次刊行物を一元管理できる。下記に長期保存しない逐次刊行物も，同じように検索できる例を示す。

図表6.1 「読売新聞」で検索したときの簡略表示

```
1.  讀賣新聞. -- 縮刷版. -- 1巻1号 (1958.9)- . -- 読売新
    聞社, 1958.10- . -- 冊

2.  読売新聞. --
```

1は,縮刷版として長期保存し,2は,新聞の現物であるが,1年間しか保存しない。

上記のうち,2を選択し詳細表示すると,図表6.2のようになる。

図表6.2 長期保存しない逐次刊行物の表示例

```
読売新聞

狭山館/雑誌
継続して受入しています
新聞架/1年保存
```

6.6.3 目録の形態

目録の形態については,カード目録,冊子目録,コンピュータ目録の3種類がある。これらのほか,小規模な図書館では,受付簿を目録の代用とすることがある。カード目録の場合は,特に図書等と変わるところはない。記述,所蔵事項,標目指示,所在記号を記載した記述ユニットカードをまず作成し,これを必要枚数コピーし,各々に標目を記載する,というものである。冊子目録については,今日手作業で編集することはあまりないであろう。多くの場合,コ

ンピュータ目録から出力することになろう。国立情報学研究所の総合目録が大規模なものになり，インターネット上に各館の目録を提供することが当たり前になった今日，冊子目録作成の必要性は少ない。ひところはやった CD-ROM による目録も同様である。

さて，コンピュータ目録が最も当たり前の形態であるが，6.6.1と6.6.2でも述べたように，最初のファイル設計が大事である。まず逐次刊行物と他の資料とで，記述の構造はほとんど変わらないということに留意すべきである。つまり書誌ファイルの構造は図書等と基本的に同じでよいということである。このことは他の資料との一括検索を行う上でも大事なこととなる。そして「逐次刊行物全体の記録」－「製本単位の記録」－「各号受付単位の記録」とレベルを分けて管理することが望ましいであろう。製本単位以下は事務的な記録であり，必ずしも利用者に提供するものではないが，やはりどういう単位で製本されているか，最新の受付記録は何号までかといったことは，利用者にとっても必要なことであろう。できれば利用者からも検索できるようにしたい。

図表6.3 「図書館雑誌」で検索した例

```
1.  圖書館雑誌  /  日本文庫協会〔編〕. -- 複製版. -- 学術文献
    普及会, 1969.8-
2.  図書館雑誌  /  日本文庫協会〔編〕. -- 日本文庫協会. -- 冊
```

上記のうち，2を選択し詳細表示すると図表6.4のようになる。

図表6.4 受付の最新号および製本単位が表示された例

図書館雑誌 ／ 日本文庫協会〔編〕. -- 1号（明40.10）-85号（大15.12）; 21年1号（昭2.1）-22年12号（昭3.12）; 110号（昭4.1）-133号（昭5.12）; 25年1号（昭6.1）-. -- 東京：日本文庫協会. -- 冊；26cm
発行所変更：日本文庫協会→日本図書館協会. 責任表示変更：日本文庫協会（1-2号）→日本図書館協会. その他の標題 The Library journal. その他の標題 Toshokwan zasshi : the monthly bulletin of the Japanese Library Association. その他の標題 Toshokwan zasshi : J. L. A. library journal
吸収前誌：レファレンスと書誌 ／ 日本図書館協会. 吸収前誌：情報のひろば ／ 日本図書館協会 03854000

狭山館／雑誌
1926-1926; 1927-1928; 1929-1930; 1931-2000
75-85; 21-22; 110-133; 25-60, 61（4-12), 62-93, 94（1-2）
以後継続して受入しています

和雑誌書架
261126／91（1-6）(1997)
261127／91（7-12）(1997)
261128／92（1-6）(1998)
261129／92（7-12）(1998)
22899／75-85（1926）
22900／21（1927）
22901／22（1928）
22902／23（1929）
22903／24（1930）
22904／25（1931）
22905／26（1932）
　（製本単位，以下省略）

なお，図表6.1から6.4までの実例は下記で実際に検索できる。
http://www.lib.tezuka-gu.ac.jp/nlblink.html

6.6.4 逐次刊行物の受入形態，目録形態，排架形態

　年刊刊行物などの場合，逐次刊行物の受入から排架までの過程では，いろいろ悩ましい問題が生じる。まず，受入形態では，図書費による受入か雑誌費による受入か，目録は逐次刊行物扱いか図書扱いか，製本をするかどうか，排架は雑誌架か一般図書の書架か，といった具合である。これらの問題に対する完璧な解答はおそらく存在しない。いずれも一長一短であるということになる。しかし，一応の原則あるいは道筋を考えることはできる。まず，各段階を混同せず，それぞれごとに独立して考えればよいということである。例えば，受入形態が図書費であっても，目録以下は雑誌扱いしてもかまわないし，雑誌費で受け入れても図書扱いしてもかまわない。そういったねじれがスムーズに調整できるようなシステムを工夫すればよいのである。

(1) 逐次刊行物扱いか図書扱いか

　例えば，年鑑類は図書か雑誌か，といった問題である。これは目録規則上ははっきりしている。年鑑は逐次刊行物である。しかし，現実問題としてどう扱うかという問題は残る。カード目録の場合，製本する必要がなく，1年に1回しか受け入れない資料は図書扱いとして，受入の都度記録を完結していく方が実際上便利だった。しかし，コンピュータ目録では，原則どおり処理することが可能であり，書誌情報の共有ということを考えると，より合理的であるとも

いえる。年鑑全体を「逐次刊行単位」として記録し，これに物理単位として個々の号を付けていけばよいのである。書誌的記録を逐次刊行物規則で作成するか，図書規則で作成するかの相違にすぎない。今日，個々の書誌的記録は自館で作る時代ではない。書誌ユーティリティなりMARCから目録情報を入手する。その場合，自館だけの特殊な扱いは結局損な場合が多い。標準的なものに合わせるのが最も合理的といえるのである。

(2) 排架

一般に雑誌は別置して，タイトルの五十音順に排架することが多い。別置した上で分類順に排架する図書館もある。それぞれ一長一短である。多くの場合なぜ五十音順に排架するのであろうか。五十音順に排架するということは，「何か適当な資料はないか」というブラウジングを行いがたいということである。その代わり既知の資料を素早く見つけるのには適している。ほとんど目録を検索することもなく直接書架へ行けばよい。雑誌はその性格上多くの断片的かつ狭い情報が掲載されている。したがってその分野の初心者がブラウジングしてすぐに役立つというよりは，ある程度の専門家が，直接アクセスする利用形態が多いと考えられる。したがって五十音順排架の方が適していると考えられるのである。

しかし，逐次刊行物すべてがこのような性格をもっているわけではない。例えば白書や年鑑，年次統計書などは，断片的な情報が盛り込まれているのではなく，網羅的，体系的な編集が行われていることが多い。これらはブラウジングで目につくのが好ましい資料形態と考えられる。つまり，逐次刊行物か図書かという刊行方式の区

分で排架形態を考えるのではなく,実際の利用実態を考えて,資料の編集方法や内容で判断し,ブラウジングに適するか否か,直接素早くアクセスする方がベターか否か,といった判断基準で考えた方がよいと思われる。

また,雑誌を分類順排架することもめずらしくない。これは同じ主題の雑誌を集中し,一箇所で関連雑誌を集中的に閲覧できる,あるいはブラウジングしやすいということを考えているからであろう。分類順排架する場合は,一般図書と混排する可能性も十分に考えるべきである。同じ主題の資料を集中させ,ブラウジングの用に供するというのなら,図書も雑誌も同時に見つかる方がよいとも考えられるからである。

6.7 逐次刊行物目録の将来

ネットワーク情報資源の出現をきっかけとして,今「英米目録規則 第2版」の大幅な見直しが行われており,それにともなって逐次刊行物の概念そのものが再検討されている[4),5)]。従来目録界では,刊行が永続するか(つまり逐次刊行物)か,完結あるいはそれを予定しているか(単行資料)という区分はあったが,刊行が完結しているか継続しているかという区分は存在しなかった。しかしネットワーク(特にインターネット)上の情報資源は,それがたとえ通常の固定的なウェブサイトであって,電子ジャーナルのように巻次を追って継続しないようなものでも,その内容はたえず変化している。外見的には同じ一つの資料でありながら,中身が刻々変化するという点では,昔からあったルーズリーフ式の加除式図書がちょうどそ

れにあてはまる。そういう意味では，実はこういう問題は昔から存在したわけである。ところがネットワーク情報資源の大規模な出現でこういう継続的な資料の問題に本格的に取り組む必要性が出てきたということである。

図表6.5を見ていただきたい。資料をまず静態（static）資料と，継続（ongoing）資料とに分ける。また継続資料は終期が確定しているかどうかで二分する。さらにそれぞれの区分ごとに単巻，複巻とに分ける。継続－終期確定－複巻には，継続刊行中の全集などが含まれ，継続－終期確定－単巻更新には，1冊もので期間限定のルーズリーフ式加除式図書や過去の会議議事録に関するウェブサイトなどが含まれる。継続－終期未確定－単巻更新には，一つのまとまりになっているがたえず更新されているオンラインマニュアルや期間限定のない1冊もののルーズリーフ式加除式図書などが含まれる。継続－終期未確定－複巻には，番号づけのないものも含めすべての逐次刊行物が含まれる。

従来の逐次刊行物とは，継続資料で，終期未確定で，複巻で，番号づけありの場合であった（ISBD (S) とは異なり，「英米目録規則　第2版」では番号づけのないものは逐次刊行物に含めない）。したがってCと記した線引きがこれに相当する。ところがこの線引きを，AあるいはBにしようというものである。Bの場合はISBD (S) と同じになり，「英米目録規則　第2版」としては変更であるが，本来的な逐次刊行物の定義そのものであって本質的な変更ではない。しかしAの場合は若干の変更となる。さらに逐次刊行物という概念を用いず静態と継続，終期確定と終期未確定，という区分だ

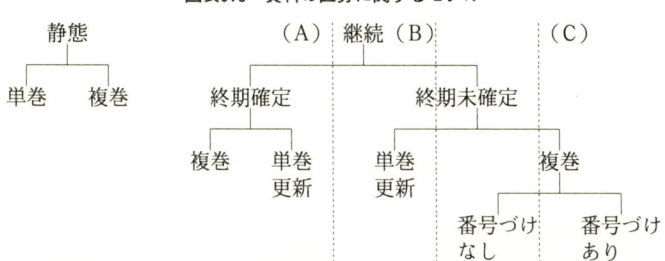

図表6.5 資料の区分に関するモデル

```
静態              (A)  継続 (B)            (C)
┬─┐              ┌────┴────┐
単巻 複巻        終期確定    終期未確定
                ┌─┴─┐      ┌─┴─┐
                複巻 単巻   単巻  複巻
                    更新   更新  ┌─┴─┐
                                番号づけ 番号づけ
                                なし    あり
```

けで済まそうという考え方もある。なお，単巻と複巻という区分は，物理的な数量を表わす区分である。資料区分における静態と継続，終期確定と終期未確定という刊行の状態を表わす区分とは全く別物であり，刊行方式を中心とした区分モデルの中に数量区分が現れるのはいかがなものかと筆者は考える。

さらに最近では，全資料を完結（finite）と，継続（ongoing）に二分しようとする案も提出されており[6]，逐次刊行物の概念をめぐる問題にはまだまだ決着がついていない。しかし，ネットワーク情報資源の記述とからめて，継続性という観点が盛り込まれることは確実であり，逐次刊行物の概念も少なからず影響を受けることと思われる。また先ほど資料の数量の問題は刊行方式の問題とは別であろうと書いたが，資料の中身（コンテンツ，テキスト，メッセージ）と資料を納める器（キャリア，メディア）とを分離する問題など，目録の基本概念が根本的な壁にぶちあたっている。さらに図書館における書誌記述の上位規約ともいえるメタデータの問題もある。こういった問題に対処するため，逐次刊行物に限らず今後目録規則全体が1970年代以来の大きな変貌を遂げることになろう。

引用文献・注

1) 福田秀夫「『国立国会図書館逐次刊行物目録規則』の解釈および適用について」『図書館研究シリーズ』26号：p.85-195, 1986

　この論文では，判断の難しいタイトルの例が多数集められ検討されている。

2) 例えばJAPAN/MARCでは，刊行頻度以外の注記は分離できない。また国立情報学研究所のNACSIS-CAT入力基準によれば，刊行頻度のほか，異なるタイトルやタイトル変遷関係がコード化されている。しかしこれにしても，国内的・国際的に互換性があるわけではない。

3) 日本図書館学会用語辞典編集委員会編『図書館情報学用語辞典』丸善, 1997, p.1

4) 古川肇「『英米目録規則』の将来」日本図書館協会目録委員会が主催した「電子資料の目録法に関する検討会」(1999.11.20)における配付資料

5) Hirons, Jean and Crystal Graham. Issues Related to Seriality. In : *The Principles and Future of AACR : Proceedings of the International Conference on the Principles and Future Development of AACR, Toronto, Ontario, Canada, October 23-25, 1997* / Jean Weihs, editor. Ottawa : Canadian Library Association, 1998. p.180-213.

　この節では，4) と5) をもとに新しい逐次刊行物の概念を説明する。

6) *Revising AACR to Accommodate Seriality : Report to the Joint Steering Committee for Revision of AACR* / prepared by Jean Hirons, CONSER Coordinator, Library of Congress with the assistance of Regina Reynolds and Judy Kuhagen and CONSER AACR Review Task Force. April 1999.

　URL: http://www.nlc-bnc.ca/jsc/ser-rep0.html

7. 公共図書館と逐次刊行物

　公共図書館における逐次刊行物の収集，整理，提供，保存は，大学図書館や専門図書館とは異なる点がある。このような相違による資料ごとの注意点については，第5章においてそのつどふれてきた。本章では原点に戻って，公共図書館において逐次刊行物を収集する必要性について述べ，その重要性を再確認したい。その後，収集，提供，保存について，公共図書館における現状を踏まえながら留意すべき点や若干の提案を述べることとする。

　なお，本章においては，都道府県立図書館を県立図書館，市（区）町村立図書館を市町村図書館と記し，公共図書館における逐次刊行物として，雑誌と新聞を念頭においていることを了承されたい。

7.1 逐次刊行物収集の必要性

7.1.1 雑誌収集の必要性

　公共図書館における雑誌収集の意義は，どこにあるのだろうか。Grenfell は，雑誌を評価して次の点をあげている[1]。これらは，学術雑誌を念頭においたものと思われるが，一般的な雑誌にも該当するものばかりである。これらの中でも特に，①と②が，公共図書館における雑誌収集の必要性であるといえよう。

①雑誌は変化の激しい政治・経済・科学・技術の分野においては特に，図書では得られない最近の情報を含んだ論文や記事を載せている

②非常に新しい分野，高度に専門化された分野，一地方的な問題，または一時的なトピックについて，いまだに書かれた図書がなく，雑誌にしか載っていない場合が多く，科学論文は多くの場合まず雑誌に発表される

③多くの専門分野において，専門家や権威ある人々は，その業績を常に雑誌に発表し，単行書を書かない人がたくさんいる

④抄録やダイジェストを載せている雑誌は，内容が簡潔にまとめられているので，レファレンスの質問に答えるための最高のツールである

⑤主要な雑誌は各自で年刊あるいは累積された索引を出している。雑誌自体もさまざまな索引に収録されている。これら索引類，抄録類はレファレンス・サービスや文献検索に不可欠である

このほか，次の点も雑誌を収集する意義としてあげられよう。

⑥ある主題について複数の著者が執筆することで，異なる意見や考え方を比較・検討できる，あるいは同一の結論をさまざまな視点や事例で検証することができるなど，特定の主題に関する重要な情報源であること

⑦図書館の利用を促進したり，読書習慣を身につけさせるための"呼び水"資料[2]となりうる[3]

公共図書館では，娯楽的な雑誌，趣味や嗜好に関する雑誌も利用者に求められる。これらの雑誌は，「図書館で扱うものではない」

「個人で買えばよい」などと、公共図書館で収集する必要性について疑問を抱かれることが、いまだに多いようだ。しかし、図書館法第2条に図書館の定義として「……レクリエーション等に資することを目的とする施設で……」とされていることからも、これらの雑誌を収集することは、図書館本来の機能[4]の一つである。よって、公共図書館としてはその役割を果たすために、利用者の要求をもとに検討を重ねた結果、必要な雑誌を図書館資料として選定し収集しているのであって、これらの雑誌を借りて済ませる（済ませられる）資料とするか買って手元におきたい資料とするかを決めるのは、あくまで利用者個人の判断の問題である。これは図書や視聴覚資料についても同様である。また、「図書館が雑誌をどんどん貸出せば、出版社は、雑誌が借りて済まされるために（雑誌が売れなくなって）困るだろう」というような意見までも聞くことがある。しかし、これは逆であって、全国の図書館における雑誌購入費が一定額を越えれば、出版者側からみれば安定した"買い手"を確保できることになり、メリットをもたらすといえる。

7.1.2 新聞収集の必要性

新聞の利用目的は、次の2つに大きく分けることができる[5]。よって、新聞を収集する必要性についても、それぞれについて分けて考える必要がある。

①読者がその記事によって初めてそのニュースを知る

②すでに知っているニュースを新聞記事でもう一度確認する

主に①は当日の新聞、②には原紙保存された新聞、縮刷版、マイ

クロフィルム版が用いられる。また，新聞の種別でみれば，①は一般紙，②はスポーツ新聞に多い利用のされ方であるといえよう。②のような利用ができる場は，図書館以外にはほとんどない。各新聞社にある資料室が，非公開であることは先述したとおりである〔5.4参照〕。このような状況から，必然的に図書館における提供がなされてきたと考えるのが妥当であろう。具体的な利用のされ方については，「各種スポーツの記録，棋譜，相場の変動，天候の記録等，各種記録の調査・確認」[6]があげられている。

これに対し，①のために公共図書館が当日の新聞を提供する必要性や意義については，あいまいにされてきた感がある。イギリスやアメリカでは当日の新聞を提供することについて，賛成派と反対派の意見の対立から議論が起こった[7]。日本では，幸か不幸か，そのような激しい議論は行われていない。

『図説　日本のマスコミュニケーション』によれば，世界一の新聞大国といわれる日本の新聞の普及率は，1世帯あたり1部強[8]という限界に近いレベルに達している一方で，日本人の過半数にあたる55.2％の人間が新聞を全く読まずに暮らしていることが指摘されており，「将来新聞の閲読率がますます低下するであろうことを予想させるし，（中略）今後余暇時間が増えたとしても，それが新聞閲読率の上昇に結び付くとは限らないことを示している」と分析している[9]。

このような状況や考え方を背景に，原紙保存のためでもなく当日の新聞を収集・提供することについて，疑問をもつ者がいても不思議ではない。しかし，実際には以下の理由から，公共図書館におい

て当日の新聞を提供する必要があるといえる。

- まず，購読している新聞以外を見たいという要求が生じることが考えられる。具体的には，「複数の一般紙で報道姿勢を比較したい」，「ひいきのスポーツ選手の活躍をより詳しく知るために，スポーツ紙も見てみたい」といったニーズである。
- 図書館においては，受入した新聞を2〜3日後に廃棄することは少ない。そのため，「数日前の記事を見たい」というような要求に対して，直近のバックナンバーとして機能する。
- 先にあげた普及率は，あくまでも平均値であり，経済的な理由などで新聞を購読できない人々の存在を否定できない。これらの人々が主権者として，現在における政治，経済，社会の現状を知る権利は保障されなければならない。このような機能をもつ施設として，補助的な資料も豊富に所蔵する公共図書館は最適である。
- 図書館法第3条第7号として，「時事に関する情報及び参考資料を紹介し，及び提供すること」とある。これについて西崎恵は，政治や経済の変動が激しいこと，中央で起こった一つの変化が直ちに全国民の生活にまで波及することも多いことを理由に，時事に関する正確な知識をもつことの重要性を述べている[10]。この"時事に関する正確な知識"を得るための資料の一つとして，当日の新聞を図書館資料の中に位置づけることができる。

引用文献・注

1）『資料組織化便覧』日本図書館協会編集・発行，1975，p.97
　　20年以上も前のものではあるが，いまだ有効でよくまとまっている。
2）S.R. ランガナタン著，森耕一監訳『図書館学の五法則』日本図書館協会，1981，p.551　など
3）⑦についてはニーズの高い多様な雑誌を取り揃える必要があるが，幅広く雑誌を収集できていない公共図書館の現状では，利用者にとって魅力的な雑誌が見当たらないことが少なくない。よって，実際には"呼び水"とすることが難しいように思える。なお，雑誌購入費の少なさについては，公共図書館と雑誌をテーマにした論文の多くが，その冒頭で指摘している。JLA 図書館調査委員会「公立図書館の雑誌・新聞の受入と予算」『図書館雑誌』日本図書館協会，93(8)：p.634-635，1999 なども参照。
4）図書館法成立当時の文部省社会教育局長である西崎恵は，ここでいうレクリエーションについて，「今日の疲労をいやして再び明日の人生を創造する」ためのものとし，単なる「享楽とは異なることが注意されねばならない」としている。また，レクリエーションの意味として，①生活を向上せしめるものであること，②楽しいものであること，③誰でも参加できるものであること，④仕事の効率を高めるものであること，などの条件をみたすものでなくてはならないとしている（西崎恵『図書館法』日本図書館協会，1970，p.49-50）。
5）小板橋次郎『新聞ジャーナリズムの危機』かや書房，1997，p.117
6）多田俊五「国立国会図書館における新聞資料の保存と利用」国立国会図書館編『新聞の保存と利用』（資料保存シンポジウム　2）日本図書館協会，1991，p.69　多田はこのほかにも「今日までに発行された全集，選集，単行本には，往々にして新聞に発表された作品や論文が収録されていません」との指摘もしている。
7）この論争の概要については，次の文献を参照。
　　イギリスの場合：T. ケリー，E. ケリー著，原田勝，常盤繁訳『イギ

リスの公共図書館』東京大学出版会,1983,p.107-111　など

　アメリカの場合：シドニー・ディツィオン著,川崎良孝ほか訳『民主主義と図書館』日本図書館研究会,1994,p.210　など
8）日本新聞協会編『日本新聞年鑑 '97/'98年版』電通,1997,p.363　によれば,平成8年度の1世帯あたり部数は1.19部。
9）藤竹暁,山本明『図説日本のマスコミュニケーション』日本放送出版協会,第3版,1994,p.35-36
10）西崎恵,前掲書,p.73

7.2　収集

前節で述べた必要性を踏まえ,逐次刊行物の利用を向上させるために,公共図書館はどのような収集を心がけるべきか。逐次刊行物の収集において,公共図書館は他館種の図書館とどう違うのか,考察してみたいと思う。

(1) タイトル選定の難しさ

公共図書館においては,娯楽のためのものから学術的なものまで,あらゆる分野が収集の対象とされるため,収集の前段階において次のような問題に直面することになる。

- 学術雑誌を除けば,図書でいうところの古典,オーディオ・ビジュアル資料における名作や名盤といった評価が,雑誌においては確立または浸透（定着）していない[1]。
- 新しい分野に関する雑誌が創刊されたとき,この時点では比較対象がなく,加えて,その分野自体をどう扱うかという問題もあり,評価が困難となる。

- 創廃刊が激しい[2]出版状況で,評価が定まるのを待てない。
- 同一ジャンルにおける複数のタイトルを比較し,選定する方法論が確立されていない。また,同一ジャンルの雑誌における読者層の違いを把握できていない。
- ベストセラー情報やCD／ビデオの売上げランキング情報が入手しやすいのに対して,雑誌の売上げランキングを把握するのが困難である。これも,利用者のニーズを把握しにくくしている原因の一つと考えられる[3]。
- マンガ雑誌や女性週刊誌など,長期にわたって発行され,販売実数も多いにもかかわらず,いまだに公共図書館の中では評価されないもの(タブー視されているもの)がある。
- 写真週刊誌や男性誌の一部などには,主体となる記事が有用であっても,猥褻な写真などが収録されているために,収集に支障を来すことがある。

(2) 利用者の要望を重視する

公共図書館における利用者は性別,年齢,職業,目的等さまざまである。このため,日々寄せられるさまざまな要求の"最大公約数"としての図書館資料を収集する必要がある。また,同じ公共図書館であっても,その利用者は館によって,ある程度の独自な利用傾向を生じることもある。

このため,利用者の求めている雑誌の傾向を日ごろから把握するよう努めることが大切である。その具体的な方法としては,次のようなものが考えられよう。

①利用者との会話

②雑誌の売上げ動向の分析

③定期的な利用者アンケート

④雑誌のリクエスト調査・分析

⑤雑誌の貸出／書庫出納／複写状況の分析

　フロア，カウンターを問わず，①による情報収集は大切である。質問やクレームなどさまざまな形で提示される利用者の要求には，たえず注意を払う必要があるし，それらは利用者全体の要求の"氷山の一角"にすぎないことを忘れてはならないだろう。県立図書館や政令指定都市の図書館など大規模館では，カウンター業務を行う職員と資料を選定する職員が異なることがある。このような場合であっても，利用者の声を受けて選書に反映させるために，資料を選定する職員は，カウンター業務を兼務するか，あるいはカウンターに立つ職員の意見を最優先とすべきである。

　②は，平均的でマクロなニーズをとらえるためのものであり，③と④は直接的な利用者のニーズ調査である。③の方法は調査対象が一部の利用者に偏らないよう注意する必要がある一方，すべての利用者が具体的な意見をもっているわけではないこと，積極的に回答をするとは限らないことを認識しておかねばならない。また，実際の利用のしかたと異なる内容の回答をする場合もあることが指摘されている[4]。④は顕在化した強い要求であり，重視すべきデータであるといえる反面，リクエストしなかった少なくない利用者の要求は把握できないことが欠点である。

　⑤は，利用実態からどのような資料が求められているのかを推測するものである。貸出処理を電算化していれば，タイトルごと，分

野ごとに月間,年間でどれだけ貸出されたのか把握することができるであろう。システムによっては,「どういった年齢層にどのタイトル,分野がよく貸出されているか」「発行後の経過年月にともなう貸出数の変化」といったデータの抽出のほか,タイトルごとに季節変動のような特性もとらえることができるかもしれない。また,貸出しをしていなくとも,複写件数や所蔵の問合わせ,バックナンバーを開架していなければ書庫出納件数などをもとに,利用状況をある程度推測できるのではないだろうか[5]。⑤については,POSシステムなど民間企業のノウハウ[6]を参考にするなど,どのような方法が有効であるか研究,検討の余地がある。

これらの数値のほか,新聞やテレビなどによる話題や流行のチェック,レファレンスで問い合せ頻度の高いテーマを把握することなども重要である。また,駅売店やコンビニエンス・ストアなど販売効率が高いところでどんな雑誌が置かれているのかを日頃からチェックすることも,よりよい選定のためのヒントを得る方法の一つである。日々の貸出しを通じて得られる実感や利用者との対話による利用傾向の把握については,現場職員の中で蓄積されていき,選定の際には決定理由となることが少なくない。普遍性や客観性に問題があると批判されることもあるが,ここでは選定の結果である利用状況が正否を決めるとだけ記しておく。

(3) 継続して受け入れることを前提としないこと

雑誌については,"継続して収集しなければ意味がないので,タイトルの変更をみだりに行わない"というのが定説であったが,つねに"いま・現在の利用者の要求"を重視することから,市町村図

書館においては，年度ごとに収集タイトルの見なおしをする傾向にある。また近年では，雑誌の出版自体が創刊・廃刊が激しいことから，やむなく収集タイトルを見なおさざるを得なくなる場合も少なくない。継続した受入を前提とすると，硬直化したタイトル構成となりがちであるし，（新たな要求に即応できるだけの予算があれば別だが）タイトルの選定にも慎重になりすぎるあまり，結果的に無難な選択で終わり，利用に結びつかなくなるおそれがある。

また，雑誌は特集によって売上げが左右されることが多く，図書館においても，ある雑誌の特定の号についてのニーズが，他の号にくらべて極端に多くなるということが少なくない。このように，受入していないタイトルであっても特集によっては個別に購入する必要が生じる場合もある。別冊や臨時増刊であれば図書費で購入し，"図書扱い"で受入・整理するなどの方法も考えられるが，実際に通常号を単品で購入するのは，予算枠や年間の収集計画，購入ルートなど支障が多く，困難である。

このような収集タイトルの変更や単冊での受入など，収集における柔軟性をどのようにすればもてるのかが，雑誌の利用を向上させるために検討すべき課題の一つである。

(4) "雑誌の歴史"にこだわらない

タイトル選定において，"評価の定まったもの"や引用回数の多いものが重視されることがある。これは，学術雑誌であれば確かに重要な選定要素の一つである。公共図書館において一般的な雑誌を選定する際にも考慮されてよいことではあるが，こうした"雑誌の歴史"ともいうべき創刊年月の古さや"評価が定まっているかどう

か"にこだわることによって,利用者の要求に応えられなかったり,新たな利用者層を取込みそこなう恐れが生じる。そして,公共図書館における"評価の定まったもの"が,結局,「どこの図書館でも置いてあるが,どこの図書館でも利用の低いもの」[7] となる場合が少なくない。

近年,雑誌の創刊・廃刊が激しいことは先に述べたが,既存の分野について新たな視点に基づくものや斬新なレイアウトのもの,および新しい主題に関する重要な情報源となるものなどは創刊誌に多くみられる。"雑誌の歴史"に対するこだわりは,このような創刊誌の収集を難しくする原因の一つにもなる。"雑誌の歴史"にこだわらない選定や創刊誌の積極的な収集は,今後留意すべき課題といえよう。

(5) 地域と関連のある資料は積極的に収集すること

新聞協会研究所「第2回全国新聞信頼度総合調査」(1991) によれば,地域に関するニュースは,「ふだんよく読む記事」として3位,「もっと力を入れてほしい記事」としては1位となっている[8]。このことからも,地域の情報に対するニーズが高いことがわかる。

それでは,住民が求める地域の情報とは,具体的にどのようなものを指すのであろうか。名古屋大学の中田実は,愛知県下の5つのコミュニティにおける住民アンケート調査の結果をもとに,次のような主題をあげて,「このことは恐らく,すべての地域にあてはまることといってよいであろう」[9] と述べている。

・防災,防犯,安全(防災訓練,事故・事件のニュース等)
・医療,保健,福祉(保健所・保育園の情報,検診案内等)

・利用できる公私の施設紹介（場所，利用できる時間・料金，休日通知等）
・地域生活の手引き（ゴミの出し方，動物飼育，生活騒音の注意等）
・消費生活（地区内商店の物価動向，悪質商法の注意，リサイクル，料理等）

また，船津衛は，花巻，気仙沼，一関の各都市において行った「地域情報に関する調査」をもとに，地域の人々が「もっと知りたい情報」として，①身近なこと，②産業，③行政，そして地域によって災害情報があるとしており，今後，必要性が必ず増していくと思われるものとして，医療，福祉，文化，教育をあげている[10]。

これらの結果から，地域に根づいた図書館活動が求められる市町村図書館では，次のような資料を収集する必要があるといえる。

①全国紙の地域面や県紙といった新聞資料
②当該自治体のPR紙（誌）をはじめとする地方行政資料
③地域住民の作成するミニコミ資料[11]
④フリーペーパーやタウン（情報）誌[12]
⑤当該地域を主題とする雑誌

これらは地域資料の中核をなす資料でもあり，分担収集の際には，その館独自のコレクションととらえることもできる特色ある資料となることからも，公共図書館における重要な資料であるといえる。

ここで注意したいのは，「これらの主題に関する情報」が必要なのではなく，「地域におけるこれらの情報」が必要とされているということである。医療情報であれば，医療に関する情報（医療制度

改革についてなど）ではなく，"地域における医療情報"（地域における年末年始の救急病院およびその当直医一覧など）が必要とされているのである。この点はとり違えられることが多く，「地域と密接な関連のある資料」といえば，単に「地域の産業に関する雑誌，業界紙」とされがちである。このような考え方に基づく安易な資料収集は，特殊コレクション同様に「図書館側の独りよがりな押しつけのサービスになる危険」[13]があり，限られた資料費を最大限に活かして利用に結びつけるためにも，避けるべきである。

また，住民の求める地域情報として先にあげた主題や資料類は，地域によって異なることがあるかもしれない。だからこそ，ここでも「(2) 利用者の要望を重視する」で述べたような，自館の利用者が何を求めているかを常に把握するよう努める必要があるといえる。近年増加の傾向にある複合施設の図書館においては，併設された施設と関連のある資料を収集する例もあるようだが，その場合でも，同様である。例えば，美術館との併設であれば，はじめから美術関連のものを雑誌収集の中心に据えるのではなく，あくまでも利用者の要求の中で美術関係の雑誌を優先するという程度にとどめておくことが大切である。

結局，公共図書館における蔵書構成の特色やアイデンティティといったものは，図書館側が意図して作り上げるものではなく，利用者の要求を満たすべく努力した結果が蔵書構成に反映したものであるべきではないだろうか。

(6) **外国語の資料にも留意する**

大学図書館等は，先進的な研究や事例を海外に求めることが多く，

学術雑誌を中心とした外国語資料が豊富である。これに対し，公共図書館では，地域によっては在日外国人が多く居住していることから外国語資料が求められることが多いという例もあるが，全般的にみれば外国語資料の割合は低い。

ここでは，「アウトリーチ・サービスで最も有効なのは，新聞の提供です」[14]という声もあるように，まず外国語新聞の収集からはじめることを提案したい。外国語新聞を公共図書館が収集する必要性としては，前節で述べた新聞の必要性に加えて，次のものが考えられる。

①日本語に不慣れな在日外国人が，日本で起こっていることを知るために，母国語あるいは英語で書かれたものを必要とすること。

②母国で発行されている新聞を読むことによって母国の状況を知ることは，在日外国人にとっては切実なニーズであること。

③国際化という言葉がよく叫ばれるわりには，海外に関する情報が不十分であること。在日外国人でなくても海外情勢を知る必要は生じるが，五大紙であっても，国際面は数ページにすぎない。

④外国語を学習している人にとっての実戦的な学習方法の一つとなりうること。

⑤日本で起きていることを海外のジャーナリストがどのようにとらえ，自国に伝えているかを知ることができること。また，国際的な問題における日本の評価を直接知ることができること。

このように，地域に在日外国人がいない，あるいは少ないことを

理由に，不要とする資料でないことだけは認識しておきたい。さらに，これらの必要性を外国語新聞の種別にあてはめると，次のようになる。

1) 日本国内で発行されるもの
・五大紙など，日本語新聞の発行が中心である新聞社によるもの（Asahi Evening, Daily Yomiuri, Mainichi Daily News など）　必要性：①④
・民間企業や団体の発行する在日外国人を対象としたもの
（エスニック新聞など）　必要性：①③④⑤
2) 海外で発行されるもの　　必要性：②③④⑤
（厳密には，海外に本社のある新聞社が，日本でも印刷拠点をおいて発行するものがあるが，2) に含めることとする）

外国語新聞の収集については，武蔵野市立図書館における選定の経過について具体的な事例報告がなされているので，参考にするとよい[15]。

また実際には，当該自治体の姉妹都市であることだけを理由に，相手国で発行される新聞や雑誌を収集することもあるようだ。このような場合，収集のための予算が一般の新聞・雑誌収集のための予算とは別に設けられているのならともかく，姉妹都市の資料という理由だけで選定されるのは問題であろう。住民の意向があったわけでもなく行政機関が企画したものであれば，住民要求とかけはなれた資料を収集することになるおそれが強いからである。

(7) 県立図書館は新聞・雑誌の総合目録を作成すること

限られた予算の中で，提供できるタイトル数を増やすためには，

複数館による分担収集が有効である。公共図書館における分担収集を考えるにあたって忘れてならないことは，あくまでも先述した"利用者の要求を重視する"ことを大前提とすることである。例えば，1万タイトルの雑誌が発行されていて，分担収集を行う館（以下，加盟館とする）が10館あれば，1館につき1,000タイトルずつ他の加盟館とは異なった資料を収集すればよいというものではないのである。10館は，それぞれの地域において利用者をもち，それぞれ要求を受けている。よって，重複するタイトルが多くなることは避けられない。また，同一市町村内に複数館（室）をもつ市町村図書館などの現場では，タイトル数を増やすことよりも，利用頻度の高いタイトルを他館と重複しても収集するなど，"利用される資料の層を厚くする"ことが，わずかな新聞・雑誌購入費の中で必要とされている。こうしたところに，公共図書館における分担収集の難しさがある。

　分担収集を実施するにあたっては，どの館がどのような資料を収集し，保存しているかを把握する必要があることから，加盟館の逐次刊行物総合目録（以下，総合目録とする）が必要となる。たとえ，雑誌の相互貸借を行っていなくとも，総合目録があれば，各館がタイトル選定をする際の貴重な参考資料ともなりうる。近隣の市町村図書館との重複収集を避け，利用者の居住地区を理由に利用を制約しない広域利用サービスと組み合わせることで，自然発生的な分担収集が行われることもありうる（ただし，利用者にとって生活動線上にない図書館は，使いにくい図書館であることを忘れてはならない）。総合目録の作成には，かなりの継続した労力が必要となるが，

分担収集や相互貸借のためだけではない,かけた労力に見合った成果が得られるものである[16]。

都道府県単位の広域における逐次刊行物の相互貸借や分担収集は,すぐに行えないのが実情のようだ。しかし,何もせずに機が熟すのを待っていてよいものでもない。公共図書館における目録の電算化や個人用データベースソフトの高機能化,インターネットによる情報通信技術の高度化など,総合目録作成の環境はよくなってきている。初めは簡易なものでもよいから,将来を見据えて総合目録を作成し,県内の市町村図書館および他の県立図書館へ配布すること。雑誌の相互貸借や分担収集を早急に実現できない全国の県立図書館は,これを当面の目標として掲げてもよいのではないだろうか。

引用文献・注

1) 雑誌の評価自体について,「そもそも雑誌の評価なんてものは確立するのか」という声もある。
「座談会／書店人・利用者と語る『雑誌と公共図書館』」『みんなの図書館』No. 237：p. 7, 1997

2)『雑誌新聞総かたろぐ』(メディア・リサーチ・センター) によれば,1998年における創(復)刊誌は169点,休(廃)刊誌は148点。これらのタイトルと出版社の一覧は,『出版年鑑』(出版ニュース社) の第2巻にも掲載されている。

3) 日本 ABC 協会が発表する雑誌販売部数が,約半年遅れで新文化通信社『新文化』に掲載される。これは,百数十タイトルに限られたデータではあるが,雑誌の売上げに関する数少ないデータなので,選定担当者は必ず目を通す必要があろう (『出版年鑑』でも,日本 ABC 協会による年間の雑誌販売部数は掲載される。なお,『雑誌新聞総かたろぐ』で

は出版点数のみ掲載)。

　また,『新文化』では, 毎月上旬下旬のジャンル別売上げランキングも約3か月遅れで掲載している。ただし, ランキングのもとになる実売部数は, 2～3の調査店における売上げ部数を平均したものにすぎない。
4) 馬場俊明編著『図書館資料論』(JLA 図書館情報学テキストシリーズ 7)日本図書館協会, 1998, p.159
5) 浦安市立図書館における具体的な調査方法が報告されているので, 次の文献を参照されたい。
　相馬幸代「浦安市立図書館における雑誌に関する調査」『みんなの図書館』No. 263：p. 21-32, 1999
6)「セブンイレブンの雑誌戦略」1～7『新文化』新文化通信社, 2231号 (1997.10.9)-2237号 (1997.11.20)
7) 伊藤昭治「雑誌は評価されているか」『本をどう選ぶか』日本図書館研究会, 1992, p. 87-88
8) 日本新聞協会『JAPANESE NEWSPAPER HANDBOOK／日本の新聞-1997』1997, p. 39
9) 中田実「地域社会システムと情報ニーズ」林上編『高度情報化の進展と地域社会』大明堂, 1996, p. 17
10) 船津衛『地域情報と地域メディア』恒星社厚生閣, 1994, p. 1
11) ミニコミ資料の定義については,「ミニコミとは, ある個人やグループ (サークル) が自主的に発行し, 流通させる印刷物のことだ」とする南陀楼綾繁の定義がわかりやすい (「われわれはなぜミニコミをつくるのか？」串間努編『ミニコミ魂』晶文社, 1999, p. 11)。このほか理念的ではあるが, 住民図書館館長丸山尚による基準も参照 (丸山尚「市民社会の形成とミニコミの役割-解説にかえて-」住民図書館編『ミニコミ総目録』平凡社, 1992, p.5)。
12) ④のタウン誌とは, グルメやショッピング情報が中心の商業的な情報誌を指すものであり, 地域の文化や歴史といった"その土地の魅力"を PR するものは, ⑤とした。③と④の違いについては, タウン誌や地域

情報誌との差別化をはかるミニコミ紙『谷・根・千』の発行目的が参考になると思われる（丸山尚著『ローカルネットワークの時代』日外アソシエーツ，1997, p.202-220 を参照）。
13) 図書館法第3条にある「……土地の事情及び一般公衆の希望に沿い……」に関する次の解説を参照。
　　森耕一編『図書館法を読む』日本図書館協会，補訂版，1995, p.89-90
14) むすびめの会『世界の新聞ガイド』日本図書館協会，1995「はじめに」より
15) 舩﨑尚「公共図書館における新聞の収集と保存」『現代の図書館』35(2), 1997 など
16) 日本図書館協会情報管理委員会編『雑誌の管理と利用』（日本図書館協会，1967）によれば「総合目録の目的と効用」は，次のようにまとめられている。
　1．図書館相互貸借
　2．他の図書館の収集状況を知り，自己の収集計画を補正することに用いえる
　3．若干の大規模な総合目録は，書誌的な道具として用い得る

参考文献

西田裕子「二十三区の雑誌目録作成記」『みんなの図書館』No.263：p.12-16, 1999

7.3 提供

7.3.1 貸出しか館内閲覧か

市町村図書館では雑誌を，最新号を除いて貸出するのが通例である。これは，貸出しが図書館サービスの基本となるためであるが，

市町村図書館が扱う雑誌の性質も理由としてあげられる。つまり，大学図書館等では学術雑誌など論文単位での利用が多い雑誌を主に収集しており，複写による利用が中心である。これに対し，公共図書館において収集される雑誌には，飛ばし読みや拾い読みを含めた通読による利用がなされるものも少なくないことによる[1]。実際には，貸出期間や冊数等の面で図書とは違う扱いにしていることも多く，貸出している館であっても最新号は貸出していない場合が多い。最新号を貸出さないのは著作権による制約が理由ではなく[2]，少しでも多くの利用者に提供するためである。また，館の事情で貸出できない雑誌が多くても，貸出するものと貸出しないものを分けたり，貸出するものの中でも期間をタイトルによって変えるなど（利用者は混乱するかもしれないが）基本的には貸出するよう努めている[3]のが実情のようである。

　県立図書館においては，利用者に対して貸出しを行わず，館内閲覧としている館が少なくない。これは保存機能を重視し，貸出しによって損耗が激しくなることや欠号が生じやすくなるのを防ぐためとされている。また，「"県立図書館へ行けば，必ず利用できる"という保証のためである」とする考え方もあるようだ[4]。このように，県立図書館における来館利用者への貸出しについては，意見の分かれるところではあるが，いずれにせよ，県内の市町村図書館へ貸出しを行うことは，県立図書館の基本的な役割である。その上で，自館への来館利用者に貸出していなければ，貸出先の市町村図書館においても館内利用として扱うなど，県立図書館の資料を県立図書館で利用しても市町村図書館で利用しても同じサービスが受けられる

よう，条件をそろえることが必要である。

しかし，このような市町村図書館への雑誌を含めた資料援助を実施できている県立図書館は少ない。これは，先に述べた"必ず利用できる保証"など，直接サービスを行っているがゆえに，来館する利用者をないがしろにできないことが原因の一つとされている。しかし，県立図書館は市町村図書館への貸出しによってのみ，県民への広域サービスを行うことができるということを忘れてはならない。県立図書館は，自館の直接サービスだけで県民すべてにサービスすることなどできない[5]という"限界"と，直接サービスだけでは所在地にいる一市町村図書館にすぎないばかりか，当該地域の市町村図書館の活動と発展に支障を来すという"事実"を認識すべきである。市町村図書館が発展をとげてきている現在，県立図書館は，早急にその存在意義を再検討する必要に迫られているといえる[6]。

7.3.2 PRの必要性

図書館資料をより一層利用してもらうためには，PRが不可欠である。新聞・雑誌については，どのようなタイトルを受入しているかはもちろん，利用の多い雑誌については，"最新号が，いつ書架に並ぶか"（週刊誌ならば毎週何曜日か，月刊誌であれば毎月何日か）といったことを雑誌架で案内するのも一つの方法であろう。また，社会的に関心をもたれる事項についての記事を横断的に紹介するなど，新聞・雑誌の速報性を活かしたPRも必要といえる。例えば，O-157など食中毒に関するものや西暦2000年問題，ダイオキシンについてなど，利用が見込まれる社会的問題についての記事が，

所蔵する新聞や雑誌の，どのタイトルの何号（あるいは何月何日号）に収録されているかを一覧できる案内を作成する。こうしたPRによって，新聞や雑誌の特性を活かした，積極的な資料提供ができるのではないだろうか。これらのPRに加えて，先に述べたような"特集によって雑誌を個別購入する体制"が整っていれば，短期間で要望が集中するテーマに関するさまざまな資料を速やかに，時期を逸することなく提供することができよう。

　また，大学図書館では学生の入学時にオリエンテーションの一環として，大学図書館の利用法や資料の調べ方を案内することが多いのに対して，公共図書館においては，そのような案内が少ない。利用案内のパンフレット等での案内に終わらず，図書館の利用方法や簡単なレファレンスの解決方法，OPAC等設置している電子機器の操作方法などと併せて，定期的に利用者への講習会を行うとよい。

　このほか，複写における著作権の制限事項の周知はもちろん，所蔵していない雑誌を利用する方法についての案内も積極的に行うべきである。相互協力によって自館にない雑誌を取り寄せることができる場合もあるし，国立国会図書館が所蔵する雑誌であっても（有料ではあるが）コピーを郵送してもらえるサービスがある。このようなサービスがあることを知らない利用者は少なくない。問合わせや要求があるたびに案内するのは当然として，図書館側から先に，来館者へ積極的にPRすることで潜在的な要求にもある程度応えることができるし，そうすることによって，たとえ小さな図書館であっても自館の利用価値を知らしめることができるのではないだろうか。

7.3.3 図書館の自由と雑誌

神戸市の児童連続殺傷事件での雑誌報道問題[7]や大阪府堺市の通り魔事件での実名報道問題など,図書館が所蔵する雑誌の掲載記事の取扱いについて適切な対応を迫られるケースが増えている。このような問題が発生するたび対応に時間がかかっていれば,雑誌の速報性が無効となっていくだけでなく,公共図書館として住民の信頼を失いかねない。そうならないためにも,

・図書館の自由について,研修などを通じた認識の再確認
・問題の発生をすばやくとらえるための情報収集
・判断材料としての過去の事例収集

などを日常的に行うとともに,問題発生時における,

・緊急対策本部の設置および連絡体制
・同一府県内あるいは他府県の検討状況を把握する手段
・問題発生から対応までの期間設定(メド)
・自治体内の関係部署との連絡・連携体制
・利用者に対する広報手段
・報道機関に対する回答の作成

などについて具体的に取り決め,マニュアル化したものを作成・整備しておくことが重要である。

引用文献・注

1)『雑誌と図書館』図書館フォーラム,1994,p.55
2)日本図書館協会著作権問題委員会編『図書館サービスと著作権』(図書館員選書 10)日本図書館協会,1994,p.39

3）藤井直美「大阪市立中央図書館の雑誌の配架と提供」『みんなの図書館』図書館問題研究会, No.237：p.18-25, 1997
4）図書館フォーラム, 前掲書, p.48
5）『県立図書館の役割と実践』文部省, 1994, p.6
6）日本図書館協会図書館政策特別委員会編『公立図書館の任務と目標解説』日本図書館協会, 増補版, 1995, p.56-57
7）この事件に関して, 図書館で問題となった主な雑誌報道については, 二階健次「少年犯罪報道と図書館」『図書館雑誌』92(10)：p.859, 1998 の表を参照。

7.4 保存

7.4.1 雑誌の保存

　市町村図書館では資料の収蔵能力がわずかであり, 保存したくても一定期間を経た後に廃棄せざるを得ないタイトルは多い。また, 皮肉にもというか当然というか, よく利用される資料ほど損耗が激しく, 保存が難しいものである。このような制約の中, 長期にわたって保存する雑誌の選定にあたって, その雑誌を記事単位で検索できるかどうかは, 後々の利用を考慮すれば重要な検討要素である。よって, 『雑誌記事索引』や『大宅壮一雑誌記事索引』など何らかの記事索引の収録対象となっているか否かを保存の基準とすることも, 一つの方法であるといえよう。なお, 長期保存する雑誌について製本するかどうかの問題については, 先述した部分（4.2　雑誌の保存）を参照してほしい。ここでは参考までに, 国際図書館連盟が逐次刊行物の製本について, 「永久保存の対象であっても, あまり

推奨できない」[1] としていることだけを記しておく。

このように，市町村図書館等では必要なタイトルすべてを保存し続けるわけにいかないのが実情であり，市町村図書館間での分担保存や県立図書館での一括保存などが必要とされている。その際，県立図書館は次の点に留意すべきであろう。

①県内市町村図書館の廃棄する雑誌は，すべて引き取ること

著しく破損しているものは廃棄せざるを得ないが，本文に支障さえなければ，保存すべきである。また，重複タイトル数に制約を設けないことも大切である。重複数が多いということは，利用者の要望に対処してきた市町村図書館において，それだけの利用があったものと考えられる。よって，同一号が大量にあっても"いったん受入しておいて，利用の少ないものは5年後に多くとも3部まで減らして保存する"などの措置をとればよい。

②市町村図書館への雑誌の貸出しを行うこと

必要なときに県立図書館から借りられるならば，市町村図書館も安心して収集タイトルのバックナンバーを県立図書館へ寄贈することができる。よって，市町村図書館への雑誌の貸出しは，①の前提条件としてとらえられよう。また，市町村図書館にとっては，他の市町村図書館が収集している自館にない雑誌のバックナンバーを利用に供することができることになり，県立図書館を介した市町村図書館間の相互協力ともなりうる。

市町村図書館間で分担保存している場合でも，県立図書館が市町村図書館へ雑誌を貸出できる保証があれば，収集・保存タイトルを選定しやすく，県全体として多くのタイトルをカバーすることがで

きる。

③受入などの処理は，必要最小限にとどめること

県立図書館にも，人員や予算の制約はある。よって，受入処理，装備，目録などの簡易化に努め，必要な負担を最小限にすることが大切である。

④大規模な収納スペースを確保すること

収納に必要なスペースは，不足した時点ですぐに確保できるものではない。よって，現状をもとに何年後スペースが不足するのかを予測し，予算獲得の努力を継続することが大切である。排架についても，効率のよい方法を検討し，計画的に行う必要がある。

7.4.2 新聞の保存

地域に関する情報の収集・保存を重視する公共図書館において，新聞の地域面は，もっと重視されなければならない。そのためにも，5.4.4において述べたような問題を検討しつつ，自館の状況を考慮して，媒体選択を含め，保存方法を検討することが大切である。

一方で，地域面や切り抜きに限り，自館においてスキャナを用いて原紙を電子ファイル化し，光ディスクを作成して，縮刷版とともに保存する館もある[3]が，次のような問題点が予想される。

①作成のための機器を導入する費用がかさむこと

新聞原紙を読み取るだけの大きさをもったスキャナは，まだまだ高価である。新聞一面を分割して読み取るにしても，ファイリング専用機を購入するならば，導入費用は安くないだろう。

②作成のための労力

日刊の新聞を対象とする場合，作業は毎日行われなければならない。よって，作業に要する時間と人員を事前に十分，予想・検討しておく必要がある[4]。作成に要する人的コストによっては，電子ファイル化する対象となるタイトルや紙面をあらかじめ絞り込んでおく必要が出てくるかもしれない。

③電子ファイルの形式

作成機器によっては，独自のファイル形式となることがある。この場合，作成した光ディスクを再生するために，独自のアプリケーション・ソフトが必要となれば，自館以外での利用は限られてくる。また，電子ファイルの形式が汎用性のあるものであっても，永久に使い続けることができるわけではなく，光ディスクのメディアとしての寿命[5]があることを考えれば，一定年限でのメディア変換およびファイル変換を想定しておく必要がある[6]。

近年，資料の電子化にともなって，閲覧のためにコンピュータなどの機器の操作が必要とされることが増えている。公共図書館においては，電子化された資料についても，誰もが閲覧できるよう配慮する必要がある。よって，代替方法がないなど事実上やむを得ないものや，コストや効率・性能の面で従来の方法が明らかに劣る場合を除いて，複雑な操作を要求されるような閲覧システムは避けるべきであろう。

引用文献・注
1）国際図書館連盟公共図書館分科会編『公共図書館のガイドライン』日

本図書館協会,1987,p.36
2)逐刊センターの記録編集委員会『道』都職労教育庁支部三多摩分会,1989 参照
3)「特集:図書館資料を問うⅢ－新聞」『現代の図書館』35(2):p.73-78, p.83-88, 1997 に事例報告がある。
4)杉山光信「東京大学情報メディア研究資料センターでの新聞の保存」『現代の図書館』35(2):p.98, 1997
5)岩野治彦「メディア変換による保存」国立国会図書館編『新聞の利用と保存』日本図書館協会, 1991, p.84-86 など

 これらの記録媒体の寿命を考えるときは,それを再生するために必要な環境(ハードウェア等の機器およびOSを含むソフトウェア)の寿命まで考慮されなくてはならない。
6)この問題は,昔,専用ワープロ機で作成した5インチフロッピーディスクの文書ファイルが十数年経った現在,どうなったかを考えてみるとわかりやすいのではないかと思う。

索　引

アルファベット順

[A, B]

AACR (Anglo-American Cataloging Rules)　2, 3, 217, 220, 230, 249, 250
Additional volume　79
Air cargo　65
Air mail　65
ASP (Accelerated Surface Post)　65
bi-monthly　20
BLDSC (British Library Document Supply Centre)　122, 124

[C, D, E]

Cash with order　63, 81
CD-ROM　9, 33, 34, 35, 60, 123, 124, 132, 133, 135, 136, 142, 143, 151, 158, 163, 166-171, 184, 187, 191, 193, 195, 197, 207, 245
Conference Papers Index (CPI)　122
Congressional Masterfile　196
Contents　80
Core journal　54
Current awareness　53, 103
Directory of Published Proceedings　121, 122
E-Journal　32
EVENTLINE　121

[G, H]

GIF (Graphic Interchange Format)　135
GPO Access　195, 196
GPO on SilverPlatter　196
GRA&I (Government Report and Announcement Index)　207
Gross and Gross 法　54
HTML (HyperText Markup Language)　38, 136

[I]

ILL (Interlibrary loan)　43, 47
Index　80
Index to Scientific & Technical Proceedings (ISTP)　122
Inside Conferences　122
International Congress Calendar　121
ISBD (S) (International Standard Bibliographic Description for Serials)　218, 221, 224, 230, 239, 250
ISBN (International Standard Book Number)　227
ISDS (International Serials Data System)　238, 239
ISSN (International Standard Serial Number)　227, 238, 239, 241

[J, L, M]

JICST　124

Jovrnal des Sçavans 23, 24
JPEG 135, 136
Luhn, H.P. 97
Mailing label 75, 76, 78
MARC (Machine Readable Catalog) 248
monthly 20
Monthly Catalog 195

[N, P, Q, R]

NACSIS-ELS 45, 46, 124
NACSIS-IR 122, 123
NTIS (National Technical Information Service) 210
PDF (Portable Document Format) 38, 135, 136
Philosophical Transactions 23
PR 274, 275
Proceedings in Print 122
quarterly 20
Renewal note 66, 80
Retrospective search 14, 53

[S, T]

SAL (Surface Air Lifted) 65
SDI (Selective Dissemination of Information) 22, 97-98
semimonthly 20
SGML(Standard Generalized Markup Language) 135
Source journal 54
Subscription agent 62
Surface mail 65
TIFF (Tagged Image File Format) 135, 136

[U, V, W]

UKOP (Catalogue of United Kingdom Official Publications) 196-197
Ulrich's International Periodicals Directory 59-60
UNBIS Plus on CD-ROM 197
Union catalog 54
Vital note 58
weekly 20
World Meetings 121
WWW (World Wide Web) 35, 38, 121, 124

五十音順

[あ行]

アクセスポイント 241
アグリゲーション・サービス 46
一次資料 14, 21
一枚もの 205
インフォメーション・ファイル 205
引用頻度調査 53, 111
ヴァーチカル・ファイル 211, 213, 214
受入記録 80
受入誌情報 86-89
受入処理 87, 88, 90
英米目録規則 → AACR
NPiS データベース CD-ROM 版 191
円建て誌 64, 68
『大蔵省印刷局刊行物目録』 191
オープンファイル 100
オンライン・ジャーナル 32
オンライン新聞 171, 172
オンライン・マガジン 34

[か行]

外価 63-64, 67
会議開催情報 121
会議後出版物 118-121
会議資料 113, 125-126
会議前出版物 115-118
会議録 4, 8, 12, 114-125, 178
会議録出版情報 121-122
会議論文情報 122-123
外国雑誌 61-83, 88, 90, 98
外資系取次店 71
会報 3, 4
科学技術振興事業団科学技術情報事業本部 → JICST
学位論文 12, 126
隔月刊 20
学術雑誌 18, 20, 21, 25, 28, 34, 44, 51, 55-56, 69-70, 74, 93, 98, 101-103, 111, 127, 134
学術雑誌価格高騰 69-70
『学術雑誌総合目録』 55, 128
学術雑誌目次速報データベース 132
学術情報システム 54
加除式資料 193, 249, 250
カタログ・プライス 67
学会発表データベース 123
学会論文集 4, 7, 20
合冊製本 6, 22, 98, 101-103, 108, 110
カード目録 241, 244, 247
カレンダー 11, 115, 116, 118
カレンダーイヤー 63
為替換算レート 67-68
巻号情報 86, 88-92
刊行遅延 81

刊行頻度 4, 11, 16, 18, 19, 20, 79, 112, 149, 150, 223, 229, 235
巻次 227, 231, 232, 239
官庁刊行物 8, 44, 126, 137-138, 177-204, 205, 208
官報 179-182
キイ・タイトル 238
季刊 20
記述の基盤 224
記述の情報源 224-225
記述の精粗 227
記述ユニットカード 244
議事録 3, 4
寄贈雑誌 72, 78, 95
基礎単位 222-223
紀要 3, 4, 8, 18, 20, 25, 60, 72, 125-137
『行政機構図』 192
競争契約 67
共同保存 101
切り抜き 173, 279
キーワード 97, 241
グレイ・リテラチャー → 灰色文献
クレーム処理 72, 82-83
クロス 102, 104
係数方式 67-68
継続案内伝票 66
継続資料 250
契約・受入業務サブシステム 88
契約情報 86, 88, 89, 90
月刊 20
『月刊ニューポリシー』 191
欠号 69, 72, 78, 81-83, 89, 90, 102, 155
『研究成果出版物目録』 208
『研究成果ダイジェスト』 208

研究報告 4
『現行日本法規』 184
原紙保存 161, 255, 256
コア・ジャーナル 54, 55
講演要旨 115, 123
号外 150-151
交換雑誌 72, 95
航空貨物 65
航空便 65
広告 109
『高等裁判所判例集』 185
購読中止 53, 70, 78
国際標準書誌記述（逐次刊行物用）→ ISBD(S)
国内雑誌 61, 89
国立国会図書館 124, 132, 165, 239
国立情報学研究所 9, 45, 46, 123-124, 128, 132, 133, 245
五十音順排架 248
個人編者 230
国会会議録 180, 183
誤配 78, 81
固有のタイトル 221-222
コンソーシアム 47
コンテンツ・シート・サービス 22, 96-97
コンピュータ目録 241-242, 244-245, 247

[さ行]

『最高裁判所判例集』 185
最新号 273-274
サイトライセンス 36, 45, 47
索引誌 11, 18, 21, 52, 56, 58, 118
雑誌 3-4, 6, 7, 8, 148, 253-254
　－受入 74-84
　－区分 16-23
　－収集 60-74
　－選択 49-60
　－保存 100-101
雑誌扱い 19, 20, 247
雑誌架 93, 99, 100, 247, 274
雑誌管理システム 83-92, 99
『雑誌記事索引』 11, 132-133, 208, 277
雑誌契約の「三角関係」 62
『雑誌新聞総かたろぐ』 56-57, 154, 192
雑誌展示棚 21
『雑誌のもくろく』 58
参考文献 54, 113
三次資料 14
『サンデー』 31
『サンデー毎日』 31, 32
サンプル雑誌 77
シソーラス 97
『CD毎日新聞』 167
市販雑誌 61
CP方式 67, 68
誌名順排架 111, 248
誌名変更 77, 223-225, 236
週刊 20
『週刊朝日』 31, 32
週刊誌 20, 31-32
集密書架 112
縮刷直し 163, 165
縮刷版 151, 158, 163-166, 255
出版情報誌 11
『出版年鑑』 16, 58, 192
『主婦の友』 29, 30
旬刊 20
『少年倶楽部』 30, 31
少年雑誌 30
消耗品扱い 74, 110

索　引　287

抄録誌　13, 18, 21, 24, 52, 56, 118
『職員録』　192
書誌階層　217
書誌情報　86, 87, 88
書誌単位　217, 222, 234
書誌的記録　222, 223, 224, 248
書誌ユーティリティ　248
女性雑誌　21, 29
所蔵事項　231, 239, 243
所蔵情報　86, 87, 91
シリアル・パンフレット　4, 8, 14, 112, 204-216
シリーズ　227, 233, 234
私立大学図書館協会　3, 129
資料種別　228, 233
新着雑誌　93-99, 103
新聞　3, 4, 8, 112, 148-177, 255-257, 267, 268
　－版　158-161
　－保存　157-165, 279-280
新聞架　156, 157
新聞差し　156, 157
新聞社の系列　153
新聞収納棚板　161, 162
新聞バインダー　156, 157
新聞用サスペンダー　156, 157
随意契約　67
スタンドアロン　35
精算　69, 90
静態資料　250
政府刊行物　→　官庁刊行物
『政府刊行物等総合目録』　191
『政府資料アブストラクト』　192
製本規準　105
製本業者　103
製本業務サブシステム　90-91

製本雑誌　104, 110, 111, 112
製本雑誌価格　110
製本仕様書　105, 108
製本情報　86, 90, 91
『西洋雑誌』　25
『世界CD-ROM総覧』　9, 170, 197, 207
『世界の新聞ガイド』　154
責任表示　223, 227, 228, 230, 236
Ｚファイル　212, 213
背文字　104, 107
『全国各種団体名鑑』　59, 209
『全国学術研究団体総覧』　59
『全国新聞ガイド』　154
『全国複製新聞所蔵一覧』　166
『戦後50年朝日新聞見出しデータベース』　166
全集　1, 2
全文データベース　33
『専門新聞要覧』　154
専門（主題）年鑑　140
増刊　79
創刊誌　264
総合雑誌　18, 20, 27
総合年鑑　139
総合目録　7, 11, 54, 268-270
相互協力　52, 54
総索引　80, 102, 108
叢書　1, 2, 3
総代理店　64, 68
総目次　80, 102, 108
遡及的文献調査　14

[た行]

タイトル変遷　→　誌名変更
代理店　62

単行資料　218, 220, 242, 249
地域年鑑　139
地域版　158, 173
チェックイン方式　71
逐刊記録　5, 7
逐次刊行単位　222, 243, 248
逐次刊行物　1, 2, 5, 218
地方版　158, 160, 163
『中央公論』　27
注記　227, 234-238
重複到着　78
直接取引　71-72
直販雑誌　61
定期刊行物　2, 3, 4, 25
テクニカル・レポート　114, 126, 206-207, 210
データ誌　11
DTP方式　134-135
電子ジャーナル　32-48, 249
電子出版　9, 134
点字資料　220
電子図書館　9, 32, 124
電子図書館サービス　45, 46, 124
『東京帝国大学紀要』　125-126
『統計ガイドブック　社会・経済』　189
『統計情報インデックス』　189, 190
統計速報誌　11
『統計調査総覧』　188, 189
統計年鑑　140, 145, 147, 248
投稿規程　109
同人雑誌　18
『時の法令』　184
特別号　79-80
図書館間相互貸借　43, 124, 269, 270
図書館製本　102-109
図書館の自由　276

特許公報　12
取次店　61, 62, 67, 71, 72, 81, 83

[な行]

二次資料　12, 13, 14, 18, 21, 52, 56, 97, 98, 118, 121, 132, 207
日刊誌　8
『日本科学技術関係逐次刊行物総覧』　210
『日本科学技術関係逐次刊行物目録』　13
『日本経済新聞CD-ROM』　167
日本十進分類法　16, 18
日本新聞協会　149, 154, 165
『日本新聞雑誌便覧』　59, 154
『日本新聞年鑑』　154
『日本年鑑総覧』　144
日本目録規則　1, 3, 217, 219-222, 224
ニュース誌　11, 12
『女学雑誌』　29, 30
ネットワーク回線　42
ネットワーク情報資源　249, 250, 251
年鑑　3, 4, 6, 7, 112, 137-147, 247, 248
『年鑑白書収載図表統計索引』　146, 147
『年鑑・白書全情報』　145
年月次　227, 231, 239
年次統計書　→　統計年鑑
年報　3, 4, 140, 141

[は行]

灰色文献　126, 208
配送方法　63, 64, 71
配達頻度　61
箔　104
白書　137, 138, 141-147, 248

バックナンバー　22, 93, 101, 111, 180, 278
パッケージ型　35, 37
発行頻度　→　刊行頻度
版　227, 231, 236
判型　20, 21, 103, 104, 149
半月刊　20
パンフレット　205
パンフレット・バインダー　211, 212, 213, 215
パンフレット・ボックス　212, 213
『判例体系』　187
ビジブル・レコーダー・カード　83, 84, 88, 109
ピジョンホール　93, 95, 100, 211, 213, 214
非定期刊行物　2, 3
備品（資産）扱い　74, 110, 243
百科事典年鑑　143
標題紙　102, 108
標目　241, 242
便覧　112
複製物　226, 231, 236
『婦人画報』　29, 30
『婦人公論』　29, 30
『婦人之友』　29, 30
普通郵便　65
物理単位　222, 243, 248
部編名　229, 234
ブラウジング　248, 249
ブラウジングルーム　93, 98
ブランケット・オーダー　124
プレプリント　114, 115, 117, 123
プレーンテキスト　38, 135
付録誌　77
プログラム　115

『文藝春秋』　27
『文献ジャーナル』　128, 133
分担収集　269, 270
分類順排架　110, 249
並列タイトル　229
ページイメージ画像　37
別置　248
編入受入　110
『法令全書』　184
保存上のプライオリティー　73
保存書庫　111
本タイトル　222, 223-224, 228, 239

[ま行]

マイクロ資料　220
マイクロフィルム　151, 158, 163, 165-166, 256
前金払　63, 88, 90
マルチメディア対応　40
未製本雑誌　98, 99
未着　69, 72, 78, 81-83, 89, 90, 155
メタデータ　251
メールマガジン　194, 195
目次速報誌　11
目録業務サブシステム　91-92
モノグラフ・シリーズ　4, 218, 222, 223

[や・ら・わ行]

用語集　143
洋雑誌　104, 108
要覧　141
予稿集　115
予定価格　67
『読売新聞電子縮刷版』　167
予約　63, 65, 81

リーフレット 205
リモート・アクセス型 35, 36, 37, 39, 43, 45
利用調査 52, 53
利用統計 111

リンク 42
レター誌 11, 22
論文速報誌 11, 22, 24
和雑誌 107, 108
ワンストップ・サービス 46

視覚障害その他の理由で活字のままでこの本を利用できない人のために，営利を目的とする場合を除き「録音図書」「点字図書」「拡大写本」等の製作をすることを認めます。その際は著作権者，または日本図書館協会までご連絡ください。

EYE LOVE EYE

図書館員選書・5

逐次刊行物　改訂第2版　　　定価：本体2,000円（税別）

1986年1月16日　初版第1刷発行
2000年8月20日　改訂第2版第1刷発行

原編者　光斎　重治, 中嶋　正夫
©編著者　光斎　重治
発　行　社団法人　日本図書館協会
東京都中央区新川1-11-14
〒104-0033　☎03(3523)0811

JLA 200024　　Printed in Japan　　船舶印刷

ISBN4-8204-0018-5　C3300　Y2000E

本文の用紙は中性紙を使用しています。

"図書館員選書" 刊行にあたって

　図書館法が発効してから35年が経過した。この間，わが国の図書館は戦後の廃墟の中から大きな発展を遂げた。この発展を支えてきたのがそれぞれの現場で仕事を積みあげてきた図書館員たちであり，われわれの先輩たちであった。これらの図書館員たちは日本図書館協会に結集し，その蓄えた知識と理論を共有し広めるため，1966年「シリーズ・図書館の仕事」を発刊した。あれから20年,「シリーズ・図書館の仕事」は25巻を発行する中で図書館の仕事の基本を示し，若い図書館員を育て，経験豊かな図書館員を励まし，そして，今，新しい時代にふさわしく「図書館員選書」として生まれかわった。

　めまぐるしく変わる情報技術，求められる新しい図書館経営のあり方，そのような社会的情況の中で「利用者の要求を基本」とする図書館のあり方を探る「図書館員選書」は新しく図書館学を学ぼうとする人，日常の仕事の中で手元において利用する人，研究の入門書として使用する人々のためにつくられたものである。

　願わくは「シリーズ・図書館の仕事」の成果と先人の意志を受けつぎ多くの図書館員や研究者がそれぞれの現場での実践や研究の中から新たな理論を引き出し，この「図書館員選書」を常に新鮮な血液で脈打たせてくれることを希望して刊行の辞としたい。

1985年12月

日本図書館協会出版委員会
委員長　　大　澤　正　雄